誰も教えてくれなかった

お葬式の極意

木部克彦

言視舎

JN119565

プロローグ
この流れは止まらない

この流れは止まらないかもしれません。

なんの流れかって？　「**お葬式の簡素化**」のことです。

故人とのお別れの場に大勢の人が集まる。そんな当たり前の光景から、ごく限られた人による送りの形へと激変しているのです。「葬送儀式」に背を向ける動きさえあります。

でもね。僕は叫ばずにはいられないのです。

「変化・簡素化は時代の要請。**だからといってお葬式をなくしてはいけない**。だって、なくなったら、**僕たちは人間ではなくなってしまうから**」

それはなぜでしょうか？

普通のおじいちゃんやおばあちゃんのお葬式に、家族親族、友人知人、地域の人たちなど200人近い人が参列していた時代は、そう昔のことではありません。

20年も前から家族や親しかった人たち20人程度による「**家族葬**」や、一切の儀式を省略して火葬処置だけにする「**直葬**」が急増するなど、お葬式の簡素化の波はありました。それでも、まだまだ伝統的な「普通のお葬式」が主流ではありました。

ところが、事態は一気に変わりました。言うまでもなく2020年初頭からの新型コロナウイルスの感染拡大による世界的な混迷です。

コロナ感染を防ぐために、密閉・密集・密接の「三密」の徹底的回避が叫ばれています。この三密の極みがお葬式です。「密閉」された式場という聖なる空間に、大勢の会葬者が「密集」し、互いに肩を寄せ合い「密接」しながら、故人を見送るのですから。

お葬式の場における三密回避の具体策として、誰もがすぐに考えついたのが「家族葬」や「直葬」でした。このため、ほとんどのお葬式がこういった形になっています。家族葬でなくとも、葬儀ホールの外に焼香台を置いて、一般の会葬者は受付を済ませるとそこで焼香だけして帰るというスタイルも定着しました。


この流れは「コロナ禍だから仕方がない」では収まらないでしょう。なぜなら、多くの人が、ずっとこんな疑問に悩まれてきたのですから。

「親のお葬式のことなんて、考えていなかった。縁起でもないし」

「喪主なんて初めて。なにをしてよいか分からない。大変なお金がかかるんでしょう？」

「平成になってからずっと不景気で懐具合も寂しい限り。家族が亡くなったのは悲しいがお葬式にお金をかけられない。大がかりなことはしたくないなあ」

「亡くなってすぐにお葬式だ。葬儀社の説明もよく分からないし、大勢の会葬者の応対で悲しんでいる暇なんかないじゃないか」

「お坊さんが唱えるお経のことだがね。あれってなにを言っているのかまったく分からない。なんとかならないかなあ。本当に必要なんですか？」

「知り合いの親のお葬式の知らせがきた。お義理で行かなくてはならないのかなあ。でも、仕事の都合で時間のやりくりが大変だし、香典の出費が痛いなあ」

心当たりがありませんか？　でも、実際に口にすれば、怒られそうです。

「お葬式とはそういうもんだ。文句を言うなど、このバチ当たりめが」

だから、誰もがいろんな疑問を持ちながらも、「これまで通りのやり方で」と渋々「伝統」に従っていたのです。

そこにコロナ禍という「絶好のきっかけ」ができました。誰もかれもが「感染を防ぐには仕方がないから」と、あるいは「簡素なお葬式にしても文句が出ないから」と、家族葬や直葬に転換したのです。激変のきっかけは「コロナ」だったとしても、**その原動力は「みんなの疑問」**だったのです。コロナがお葬式に内在する問題点を可視化した。もう少し柔らかく言えば「問題点を目に見える形に浮かび上がらせた」ということでしょう。

疑問を行動に変える人が世の中の大半になれば、それは「**変化を求めた社会的な動き**」になっていきます。その動きが出てきた以上、コロナ問題が収束しても、この流れが元に戻るとは思えないのですよ。

社会の仕組みから産業、そして風習や常識まで、どんなに歴史のあるものでも、人間にとって必要ないとなれば、消えゆくのです。

これまで、「バチ当たりめが」が怖いからとか、「伝統ある風習だから」と、声高に「必要がない」とは言えなかったことが言えるようになったのです。家族は「楽になった」「これでよかったじゃないか」と考えがちです。正論に聞こえなくもないですね。

一方でお葬式の簡素化は、葬儀社にとって「式典施行1件当たりの売り上げの激減」という深刻な事態を招くことを意味します。会葬者200人のお葬式ならば200万円前後の売り上げがあったものが、50人の小規模なお葬式なら数十万円にダウンしてしまいます。

これが何年も続けばどうなるか。経営の素人でも分かります。維持・運営に多大なコストがかかる大きなホールを持つ葬儀社ほど、大変な状況になってきています。コンビニ的な小規模ホールが広がりを見せてもいます。

お寺だって厳しいことに変わりはありません。

「今のままで、お寺は生き残れるのか」

比較的若い年代のお坊さんたちの真剣な議論に立ち会うことが少なくないのです。

「葬儀業界全体が再編成されるような事態につながるのではないか」

僕はそう確信しています。

その上で言いたいのは、ここからです。

考えてみましょう。お葬式そのものが人間にとって本当に「必要のないこと」なのでしょうか。「絶滅種」への運命をたどるものなのでしょうか。

僕は「絶対に違う」と断言します。

最愛の家族、あるいは親しい友人との別れを惜しみつつ、その旅立ちを見送ることで、心の傷を癒す。その死を納得する。それが**お葬式の意義・本質**です。「なんでも省略」でよいわけがありません。必要なことまで省くわけにはいかないのです。なぜなら、「お葬式の本質」を手放すということは「互いを思う情念」も捨て去ることです。すべてを理論や効率で割り切る暮らしになってしまいます。**僕たちが人間ではなくなってしまう**ことにつながりかねません。そんな無機質な未来のどこが楽しいのでしょうか。ＡＩやロボットだけが住むＳＦの世界じゃないのですから。

無駄なことや意味のないことは遠慮なく省くと同時に、必要なことはきちんと守る。そうやって、人間が人間であるために長い歴史の中で守り育ててきた「葬送文化」を、より一層高めていけるかどうかは、僕たちの存在価値そのものを左右するのです。

命あるものには、必ず終わりがあります。万人にとって「死」は１００％確実に訪れるものなのです。老いも若きも「死に向かって歩みを続けている」のは宿命です。不平等や格差、さらには偏見差別がうず巻く世の中で、**ただひとつ万人に平等なのが「死の訪れ」**なのです。だから、親など家族はもちろん、自分自身の死、そしてお葬式について日頃から考えておくことは「万人の責任」なのですよ。

それに、生涯非婚率の上昇や人口の高齢化でひとり暮らしの高齢者が増える一方の世の中です。こういった人たちにとっては「おひとり様のお葬式」について**自分自身で考えて**

おくしかないのです。人任せにはできません。

そんな時代を迎えて、本書で僕は特になにを言いたいのでしょうか。ここで強調しておきましょう。そう、**これまで誰も教えてくれなかった**「**お葬式の極意**」です。

「胸の内にかかえてきた**お葬式に関する疑問**を口に出して、伝統の形であっても遠慮なく変えましょう。同時に、**弔いの本質**を手放してはいけません」

「人によって望ましい形はさまざまです。**お葬式は本来自由**なものです。故人をしっかり見送ると同時に、家族が納得・満足する形が優先されなければなりません」

「お葬式を営む時刻など決めなくてもよいのです。その日は**一日中、お葬式を**すればよいではないですか。すべての問題が解決しますから」

「最愛の家族や親しい友人の死に際して、火葬処置だけでは**一人ひとりの心の傷**が癒されません。その死を納得して受け入れることなどできません」

「お葬式は人生に何回もない『**高額商品**を購入する』という消費行動です。だから正しい商品知識を身につけなければ、損をするし、後悔します」

「人生の卒業式だから、誰もが自分のお葬式についてじっくりと考えておかなければ、人生が完結しないじゃないですか。卒業式について、ある意味では楽しく考えましょうよ。

だってそれは**『生きる計画書』**なのですから」

「おひとり様が激増している今だからこそ、誰もが**自分の『その日』のことは自分で**考えなければなりません」

「葬儀業界の一大転換期だから、**葬儀社もお坊さんも**、自分たち自身の存在感や価値観がひっくり返るような変わり方をしようじゃないですか」

こういった点です。

物書き業と同時に、20年ほど前から「葬送プロデューサー」として「あるべきお葬式の姿」を追い求めてきた僕は、そう叫ばずにはいられないのです。

２０２１年秋

木部克彦

ここで言う「お葬式」とは、一般的には逝去の翌日の通夜から、翌々日の葬儀・告別式、火葬、埋葬にいたる一連の葬送儀式を指しています。

日本のお葬式の大部分は仏式です。式典の内容は地域によってさまざまです。むろん、神式、キリスト教式などさまざまな宗教による葬送の儀式はありますし、僕も参列します。
ただ今回は話を分かりやすくするために、仏式のお葬式を題材に考えてみました。

目次

2　ならば、もっと変えよう　71

お葬式のニューノーマル 1

誰もかれも家族葬でよいのですか？

人の命の灯が消えた時。家族を待ち受けているのは通夜から葬儀・告別式を営み、火葬、埋葬するなど一連の「お葬式」という儀礼ですね。

世間では「万一の時に……」などという言い方をしますが、言うまでもなく大間違いです。生き物である以上、誰にとっても「その日」は100％確実にやってきます。1万分の1の、つまり0・01％などという「起こりえない話」ではありません。だから、この世にいる者全員にとって真剣に考えて、具体的に取り組まなくてはならない課題にほかなりません。

とはいえ、長い歴史の中での「伝統」からでしょうか。誰もがこんな言い方に縛られてきました。

「お葬式とはかくあるべき」

また、こういう言い方も一般的ですよね。

「親のお葬式のことを考えておくべきだって？　そんな縁起でもないことを言うな」

こうして、僕たちの社会では、家族のお葬式について、あらかじめ考えておくこともなく、「その日」がきたら、慣れないことの連続に戸惑いながらも「伝統に従って」式典を営んできたのです。


そんなお葬式事情が２０２０年からの新型コロナウイルスの感染拡大で、ひっくり返りました。

「お葬式って、元々こういったシンプルな形でよかったんじゃないのかな。それがよく分かったよ」

お葬式の激変で、最も分かりやすいのは、家族や親しい親族・仕事仲間・友人などによる簡素な見送りである「家族葬」がごく一般的になったことです。さらには、大都市部だけでなく地方でも、火葬・埋葬だけでその他すべての儀式を省いた「直葬」が広がりを見せています。

全国の地元新聞や全国紙の地域版には「お悔やみ欄」と称するお葬式の告知欄がありますよね（大人口の東京都はないかな）。これを見ると、「家族葬で営む」「近親者ですでに営みました」の表記がズラリと並んでいます。2019年までの紙面と比べて愕然とするのは、僕ひとりではないでしょう。「家族葬」の表記がない普通のお葬式が見当たらない日があるほどです。

これまでは普通の人の場合でも100～200人の会葬者が集まりました。

それがコロナ禍で「密集はいけない」となって、誰もかれもが「少人数の家族葬にしよう」と、コロナ回避の特効薬だと言わんばかりに家族葬を選択しています。

「故人と縁《ゆかり》のあった大勢の人たちが集い、別れを告げる。その死を悼む」

お葬式には人の長い歴史の中で築かれた伝統の形があります。それがひっくり返った2020年から2021年が、大きなターニングポイントとして後世に伝えられることは間違いなし。

お葬式をしない。お葬式に行かない。それが「バチ当たり」と言われてきたのに、価値観がひっくり返って「それがいいのだ」となってしまいました。

「お葬式にはなるべく人を呼ばない」「なるべく参列しない」

その末に、お葬式って面倒だと感じていた多くの人が、こう気づいてしまったのです。

「**大がかりなことなど必要なし。今まではなんだったんだろうか**」

気づいてしまった以上、この流れは変わりません。それが人間です。そう、これからのお葬式の最大の常識は「大勢の人が集わないこと」。それが一気に拡大して定着してゆくことでしょう。それが本当に正しいことなのかどうかはさておき。

葬儀社をはじめ葬儀業界の人たちには申し訳ないのですが、これに異論をはさむ余地などないですよ、きっと。

あらためて、家族葬とは――イメージとは違う実際

その家族葬のことです。「なにが家族葬なのか」という、いわば「定義」といったものが広く認識されているとは言えないようですね。家族葬という言葉自体は定着しているというのに。

「どういうお葬式をしたいのか」という考えが固まっていないのに「うちは家族葬でやりたいから。そのほうが面倒なことがないんでしょう?」と、「まずは家族葬で」と口にする家族。面倒なことは、誰だっていやですから。

もちろん、**家族葬**とは「会葬者が家族に限定されるもの」ではありません。一般的には**「家族や近しい親戚・友人などによる、おおむね10～30人程度の小規模なお葬式」**と考えたらよいでしょう。

家族葬の本来の意義は「故人と直接のおつき合いがなかった人などお義理の会葬者がいないので、家族は大勢の会葬者への応対などに気をつかうことなく、じっくりと故人を見送ることができる」というものです。ところが今や、「面倒なことはしたくない、お金もかけられないから家族葬で」という考えが支配的に。これでは「意義を取り違えている」と言わなければなりません。

人間関係が稀薄化した現代では、長引く不況の影響もあって**「費用節約に効果的なのが家族葬だ」という間違った認識**が広がりました。本来「肉親や友人としての思い」が最優先されるべきですが、「費用が高いか安いか」の側面ばかりがクローズアップされているのが、今の風潮です。

その費用について、よ～く考えましょう。

故人をきちんと見送るための「基本費用」（祭壇、棺、霊柩車、骨壺など一式）は、式の大小を問わず必要になってくるものです。お布施など宗教者費用も同様です。返礼品費用や飲食費用は小規模な式なら少なくて済みますが、ここにひとつ盲点があります。会葬者が少ないということは、その分、集まる香典が少なくなるということです。

お葬式を「収支」で考えることが適切かどうかはさておき、香典は「お互いの助け合い」です。そのおかげで「プラスマイナスゼロ」あるいは「そうそうマイナスにならない」レベルでおさまっていました。ところが基本費用という「出費」はさほど変わらないまま、会葬者が少ないことによる香典という「収入」が少なくなると、それは赤字の拡大に直結します。

では、**会葬者200人と20人の場合の予算**をおおまかに考えましょう。

◎会葬者200人の場合（通夜と葬儀・告別式）

◇支出

祭壇・棺・骨壺・霊柩車などの基本費用50万円。会葬者への返礼品費用100万円（5000円×200人）、飲食費用28万円（家族親族20人×ひとり7000円。通夜と葬儀・告別式で2回分）、宗教者費用（お坊さんへのお布施など）30万円。

合計208万円

◇**収入**

香典200万円（1人1万円×200人）

話を単純化したうえでの費用の目安ですが、おおよそ香典収入で費用をまかなえています。

◎**会葬者20人の家族葬の場合（通夜なし）**

◇**支出**

祭壇・棺・骨壺・霊柩車などの基本費用50万円。会葬者への返礼品費用10万円（5000円×20人）、飲食費用14万円（家族親族20人×ひとり7000円）、宗教者費用（お坊さんへのお布施など）30万円。

合計104万円

◇**収入**

香典20万円（1人1万円×20人）

約84万円の赤字です。

もちろん、家族葬なので祭壇を多少簡素なものにして基本費用を40万円にしてみましょう。親族の中には3～5万円の香典を包んでくる人がいるでしょうから、香典収入が50万円あったと仮定してみましょう。

それでも支出94万円から収入の50万円を引いた44万円が赤字となります。基本費用をギリギリ20万円に抑えてみましょう。それでも24万円の赤字です。

ここに**「お葬式は地域社会の助け合い」という趣旨の香典の存在価値**があるわけです。

つまり**「お金をかけたくないから家族葬で」という考え方は現実的ではない**のです。

10万円台で家族葬ができる。そうアピールする葬儀社もあります。「それは安くていいなあ」と思ってしまいますが、これには飲食費用や宗教者費用が含まれていません。お葬式には、相応の費用がかかるのですよ。

さらに、家族葬だからといって故人の死を積極的に告知しないと、後々それを知った多くの友人知人が「せめて遺影に手を合わせたい」と訪れるため、その応対は大変です。

お葬式には、「ご遺体の処理」という意義以上に、故人が長い人生を終えたことを「**縁のある方々に告知する**」という意義があります。「故人の死をきちんと受け止め、家族や友人たちの**心の傷を癒す**」という意義もあります。それをきちんと理解しないまま、「通常のお葬式は面倒だから、小規模な家族葬でよい」などと安易に考えると、後々悔やむことにもなりかねません。

僕たちはかつて、亡くなった人を長い時間にわたり仮安置して、近しい人たちで別れを惜しみ、故人の魂を慰めたのでした。命の復活を願ってもいました。その末に最終的な「別れ」を受け入れてきたのです。これを殯《もがり》と呼びました。

大切なのは「どういう見送り方をしたいのか」ということです。

先日90代の父親を病気で亡くした女性は、こう振り返ります。

「お友達の多かった父ですから、大勢の方々に見送っていただきたかったのですが。お寺のご住職からも『会葬者を抑えてほしい』と言われ、やむなく母・子ども・孫の十数人の家族葬にしました。式自体は厳かなものでした。普通の式場に、みんなかなり距離をあけて座る形には戸惑いましたが」

でも、翌日からが大変でした。

「新聞のお悔やみ欄に『家族葬で営みました』と出したら、その日から父や母のお知り合いが連日弔問にきて、まったく家を空けられないんです」

町内会の人は「家族葬だから、隣近所にも（逝去を）知らせちゃいけないのよね？ ご自宅にうかがうのも失礼なんでしょう？」とよくある勘違い。結果として親しかった近所の方々の弔問はなしに。

「家族」という言葉を誤解して弔問を遠慮することが少なくないだけに、家族葬という言い方自体を変えていかなければならないかもしれません。

「自宅への弔問は四九日忌まで続きました。その間、ずっと気が休まらないので疲れました。母と娘で口ゲンカみたいになることもありました。『精いっぱいのお見送りをしてあげられなかった』という心の傷からでしょうか」

直葬はたしかに費用がかからない

直葬は、「直（ただ）ちに葬る」の名前の通り、お葬式における一切の宗教的儀式を省きます。故人に縁のある人が集まっての通夜・葬儀・告別式などは営みません。

故人の逝去に際して、**「病院からのご遺体の搬送」「納棺」「火葬」までを行なうだけで**

す。おおむね数名以下の家族らが立ち会うだけの形になります。

式を省くのですから祭壇も葬儀ホール使用料もありません。自宅に連れ帰った際に枕元に花を飾るなどの枕飾りもありません。

故人が暮らしている市町村の公営火葬場ならば、多くの場合住民の火葬料は無料です。このため棺・霊柩車・搬送費用などがかかるだけですから、10万円以下で請け負う葬儀社もあります。

何十万円だの、何百万円だのといった費用とはまったく別の世界です。「遺体処理」だけの処置で儀式を営まないのですから、こういった少ない費用になるのも当然です。

家族葬や直葬を数多く手がける葬儀社の中には、こんな見方があります。

「近い将来、全国のお葬式の8割以上が直葬になるのではないでしょうか」

僕も、この意見を完全には否定できません。

ではすべて直葬になったらどうなるのでしょうか。通常の葬儀社は「それればかりでは採算が合わない」ということになるに決まっています。

その通りです。ついこの間までお葬式1件当たり200万円前後の売り上げがあったものが、あらゆる儀礼を省略して火葬のみとなって、売り上げが10万円になったら、施行件数が20倍にならなければ計算が合いません。

一気に20倍は、到底無理な話じゃないですか。

多くの葬儀社は「採算が合わない」と直葬など引き受けてくれなくなることが予想できます。

それどころか、葬儀業界から撤退せざるをえないと考える会社も出てくるでしょう。

まさに、葬儀業界の存亡をゆるがす事態と言えるかもしれません。

そんな事態になったら、葬祭業を「公営」にしなくてはならなくなるかもしれません。市町村が「葬祭課」を立ち上げる形です。

そこの課員が、現状の葬儀社が行なっている「ご遺体の搬送」「納棺」「火葬」「納骨」などを仕切るスタイルが生まれるでしょう。通夜や葬儀・告別式をしなくても法律に違反しませんが、故人を火葬し、埋葬しなければ法律に違反しますから、行政の責任で行なうシステムをつくらなければなりません。

これらの作業はマニュアルに沿って機械的にできますから、「この道何十年のノウハウ」を誇る専門業者でなくても対応は可能でしょう。葬儀社が掲げる「家族の心に寄り添う」

姿勢がなくても、役所的無機質な対応でも、文句は出ないでしょうから。

もちろん、役所の葬祭課は直葬の受付業務のみで、直葬専門業者と提携して火葬処置を行なうシステムが現実的かもしれません。

どうしてもお金をかけられない。あるいは宗教的儀式を「必要ない」と考えるならば、そういう方向に進んでいくことも十分に考えられます。

お葬式の簡素化は時代の声

コロナによって「新しい生活様式」「ニューノーマル」などという言葉が叫ばれています。密閉・密集・密接の「三密」を回避する暮らしですね。

この密閉・密集・密接の極みが、聖なる空間をつくって故人を見送るお葬式にほかなりません。

ですから、「お葬式のニューノーマル」が不可欠になりました。このところの簡素化は「時代の必然」なのかもしれません。

かつては、「普通のおじいちゃん、おばあちゃん」でも、会葬者は100人、200人と集まるのが普通でした。多くは「故人の子どもの友人知人、仕事関係者」であったのですが。

「親のお葬式は、息子や娘が自分たちのために営むもの」

そんな言葉は象徴的です。

それが「三密回避」のかけ声で多くの人が家族葬を選ぶようになりました。

やむにやまれぬ事情とはいえ、現実にやってみたら、家族にとっては「これでいいじゃないか」です。お義理の会葬者にとっても、参列する時間と香典出費が省けたから「これでいいじゃないか」なのです。

今までの「縁のある人が大勢集まって、故人に思いを馳せる」という常識が、いとも簡単に崩れ去ってしまいました。

これは、新型コロナウイルスがそうさせたということではなく、本書の冒頭で述べたように、心の中で誰もが持っていた**「現状への疑問」と「変革への待望」を、コロナが後押しした**ということなのです。

でも、これまでの送りの形がこのまま崩れ去ってしまってよいのでしょうか。弔いの本質は、言うまでもなく**「互いを思い、互いに支え合う」社会的存在としての人間**の深い情愛です。それをなくしたら、僕たちは単なる動物になってしまうじゃないですか。

僕はそんな社会になってほしくないなあ。もっと人同士のつながりや絆がしっかりとした世の中がいいと思いませんか。

葬儀と告別式を空間的に分けてしまう

家族葬については、これまで述べてきた通りです。

しかし、**家族葬や直葬で済ますわけにはいかない場合**はどうしたらよいのでしょうか。故人の交友の広さや社会とのかかわりの深さから、多くの人の弔問を受けたい。そんな故人の場合、現実的な対応法として**「葬儀と告別式の空間的な、あるいは時間的な分離」**が進んでいます。

ある人の葬儀に参列しました。棺や遺影を生花が囲む祭壇は通常通り。お坊さんの読経も聞こえます。しかし式場内には親族のみ20人ほど。イスもそれぞれ2メートル以上も離れています。**扉を開けた式場前のロビーに焼香台**が置かれ、一般の会葬者はそこで祈りを捧げて帰ります。

施行した葬儀社のスタッフが語ります。

「一般会葬者の方については、式場の扉の外に設けた焼香台で故人とお別れしていただくこともありました。皆さん『こういう事態だから、仕方がないね』と納得してくださいました」

いつもなら会葬者が祭壇前で焼香し、故人に別れを告げます。退出の際に家族にひと言、声をかけます。家族も謝意を返します。短いやりとりでお互いに心が安らぎます。

「それができないため、開式前に私たちが喪主様などご家族をロビーにお連れして、会葬者お一人おひとりと距離を保ちながら言葉を交わしていただくよう配慮しています。私たちにとって新たな役割です」

ウィズコロナ時代で、お葬式の形はさらに変わっていくのでしょう。

「これからも『社会的距離の確保』『三密の回避』を心がけなければならないでしょう。納棺の際の旅支度、式での焼香、出棺前の花入れなど、どうしても密になりがち。どうバランスをとるのかは、私たちの課題であり責任です」

在りし日の故人の写真や喪主メッセージなどを盛り込んだ簡潔な映像を制作。会葬礼状や参列者に配るカードに添えられたQRコードをスマートフォンなどで読み取り、その映像を瞬時に見ることができるシステムも、今日的です。

「故人への思いを家族と会葬者全員で共有することが、心からのお見送りにつながると思います。悔いの残らないお別れのために」

時代の変化に対応しながら、見送りの「あるべき姿」を求めていかなければならないのです。

「お寺様も気をつかわれています。祭壇の左右に親族代表者席を置くのが通例ですが、『読経する自分から離れたほうがよい』とのことで、焼香台前の一般会葬者席で、しかもイスとイスの距離をとって座っていただきます。いつもは会葬者が少なければ、それに見合った小さな式場ですが、今は広い式場をお勧めしています。『三密』を避けるために」

別の葬儀社スタッフはこう語ります。

「『式できちんとお別れを言いたい』と参列される方に、私たちが一番気をつけるのが、館内での社会的距離や動線の確保、徹底した消毒をはじめとした感染防止策です」

座席配置や焼香の誘導、棺への最後の花入れなどの際は「密」になりがちです。これを防ぐには、スタッフの適切な声がけが欠かせないというわけです。

時間的な分離も

家族葬や直葬はもちろん、一般葬での家族側と会葬者側の「空間的な分離」だけでなく、「時間的な分離」も目立ちます。

例えば、午前中に宗教者と家族だけのごく少人数で葬送儀式としての「葬儀」を営みます。そして、一般会葬者向けには「午後1時から」などと告知して、「告別式」を営むスタイルです。

その告別式も、できる限りイス席の間隔をあけて「社会的距離」を取りつつ弔辞や弔電を捧げ、親族代表が会葬者に挨拶するような一般的なスタイルで営む場合もあれば、お坊さんの読経もないなど儀式性を省略して順次「流れ焼香から退室」へと式場内の滞在時間を10分程度に抑える場合も。

焼香も、祭壇の前に焼香台を置く場合もあれば、式場の最後尾、あるいはホールの玄関前に置くケースさえ。すべては三密の回避です。

２０２１の年明けに、何年か会っていなかった70代男性の訃報が届きました。葬儀・告別式は午後１時からと知らされたので、12時半には葬儀ホールに到着し、受付を済ませました。

広い式場内に入ると、イスはごくわずか。スタッフが「お焼香の方はお並びください」と。数十人の列ができていました。聞けば、葬儀は導師と家族親族の30人ほどで午前11時から営んだとのこと。なるほど、「三密を避けるため」の**葬儀と告別式の時間的な分離**ですね。

正面の祭壇前には焼香台。そのすぐ後ろに棺が置かれていました。会葬者は順番に焼香し、物言わぬ故人に花を手向けて別れの言葉を投げかけます。その横には奥様や息子さん。ひと声かけて、それで退場します。式場内にいたのは10分ほど。これなら「三密」にはなりません。

読経はありませんでしたが、場内やロビーの大型スクリーンには、午前中の葬儀の模様が写し出されていました。親しかった方やお孫さんがお別れの言葉を捧げている姿が。

施行した葬儀社によると、前日の通夜に３００人、翌日の告別式に２００人の会葬者が訪れたとのこと。

「会社経営や社会活動などでおつき合いの広い故人でしたから、家族葬というわけにもいきません」

家族からそんな相談を受けて考えたスタイルです。

友人のひとりとして参列した僕ですが、焼香に向かう列をゆっくりと、時に立ち止まりながら進む間に、故人との思い出にひたりました。棺に花を捧げる際に、眠るがごとき友を見つめながら別れの言葉をつぶやくことができました。これまでのお葬式であれば、家族親族以外は、故人に花を捧げて声をかけることは少ないでしょう。

「短い時間だったが、きちんと別れを告げられたかな」

そんな思いが頭をよぎりました。

式の順序の「逆転」

葬儀から告別式へと続く一連の式の流れを逆転させる工夫も生まれています。

ある自治体の首長を務めた男性のお葬式では、通夜も葬儀・告別式も数百人が参列する大きなものでした。

開始時刻の1時間前から集まり始めた会葬者は、式場内の最後部に置かれた焼香台で焼香を済ませ、その横にいた喪主などに挨拶して退席しました。ほとんどの人がそのまま葬儀に加わらずに会場を後にしました。まだ導師入場の前のことです。

三密を避けつつ、多くの方々の会葬希望に応えるため、**葬儀より告別式を先行**させたスタイルです。

「多くの方々に会葬してもらえて、手にした満足感は大きかった。故人も喜んでくれていると思います」

家族のひとりが振り返ります。

「式の簡素化はかなり以前からの傾向でしたが、コロナ禍で顕著になりました。でも、ある意味では『弔うことの本質』を考え直す好機ではないでしょうか。なにが必要不可欠なのか。今だからこそ見つめ直せると思いませんか」

施行した葬儀社の社長が言います。

「災い転じて福となす」ではありませんが、どこかで考え違いをしてきた面があるお葬式に対して、「見つめ直すべし」のきっかけがコロナ禍なのかもしれません。

オンライン会葬

ネット全盛時代ですから、オンライン会葬も始まっています。

葬儀の模様をライブ配信し、スマホなどを通して「会葬」できます。香典・弔電・供花などもクレジット決済です。

「遠方に住む若い男性が、『オンライン会葬で、旅立つ祖母の横にいるような気持ちになれました。納得いく見送りができました』とおっしゃっていました。仕事で都合のつかない方、体が不自由な方、遠方の方など、多くの方々に便利なスタイルではないでしょうか」

葬儀社スタッフの弁です。

「仕事上のつき合いや交友関係から、顔を出さなければならない」

そんなお義理の会葬に向かわざるをえない人には、こんなオンライン会葬はうってつけですね。

ロビーでの焼香も自由焼香もオンライン会葬も、「故人の生きざまを見つめ直し、きちんと別れを告げる」「家族や会葬者の心の傷を癒す」という本質を見失わなければ、それは「時代の要請」に応えるものと言えるでしょう。

年忌法要も控える

お葬式の後には年忌法要が続きます。

四九日忌、百か日忌、一周忌（逝去から丸1年）、**三回忌**（同2年）、**七回忌**（同6年）、

十三回忌（同12年）……。

三回忌までは、親戚や友人知人が大勢集まって法要を営み、会食するのが一般的。でもこれが「三密」につながるという指摘の中で、年忌法要も「できるだけ身内で」と縮小傾向が目立ちます。お寺で法要を営み、会食代わりの弁当と返礼品を持ち帰ってもらうスタイルです。

これも仕方がないことでしょうか。もっとも「オンライン会葬」「オンライン宴会」の時代ですから、法要にも別の形が生まれるかもしれません。とはいえ「年忌法要の本質」を見失いたくないですね。

なんでも「省く」でよいのか

大切な人を大切に送るのが、お葬式の本来のあり方です。なのに、近年は「省く」「簡素化」に重きを置き過ぎてはいないかと、僕自身も痛感していました。

でも、現実には「簡素化」を望む人は増え続けています。家族や会葬者にとっては「面倒くさくないほうがよい」ということになります。これは仕方がないかもしれません。結婚披露パーティーや祝賀パーティーのような「おめでたい席」なら、いろんな趣向を凝らすのも楽しいでしょうが、「できればやりたくない式典」です、お葬式って。「できるだけ簡素に」と考えてしまうのも無理からぬこと。

でも葬儀社側にしてみれば、これは危機的な状況です。ある葬儀社の社長は、現状への危機感をこめてこう言います。

「多くの会葬者を省く家族葬の増加、さらにはお通夜さえも省く風潮があります。そこへコロナ禍ですから、その風潮に拍車がかかっています。感染を気にして家族は『会葬を遠慮してください』。ご縁のある方々は『遠慮したほうがよいのでは』と」

人は長い歴史の中で、家族をしっかりと見送ってきました。

それによって、育ててくれた親や支えてくれたパートナーなどへの「謝恩の気持ち」を表すと同時に、「やれるだけのことをしてあげたという満足感」や「心の底からのお別れができたことによる、傷ついた心の癒し」を手にしてきたわけです。

「費用を安くしましょう、規模を小さくしましょうと、そのかけ声ばかりが目立ちますが、人はさまざまです。一律に簡素化を進めてよいはずがないんです。こういう時代だからこそ『**大切に送る**』**という精神を改めて見つめ直すべき**ではないでしょうか。故人に感謝する『施主の心』までも省略してしまったら、それを見た次の世代はどう感じるのでしょうか」。

肉親との別れに際して、火葬など単に「遺体処理」だけで済ませてよいはずがないのです。人生の苦労をねぎらう温かな言葉、別れの悲しさを伝える言葉。それらを故人の御霊に捧げつつ、**そこにいる全員でその気持ちを共有することが「弔い」**にほかなりません。

「会葬に長い滞留時間をかけないということは、意識せざるをえないんです。思い出映像なども駆使して、スマホで在りし日の故人を偲ぶのも今日的です。ただ、スタイルは変わってきましたが、基本は『送る心は普遍的なもの』ということではないでしょうか。私たち葬儀社は、それを強く訴えていかねばならないと考えています」

時代を見据えて、以前から積極的に家族葬をアピールしてきた葬儀社の役員はこう言います。

「コロナ禍で簡素化が進む一方ですが、一番大切なことを社会全体が忘れかけていないかという不安があります。『故人との対面』は、その死を受け入れるために必要なプロセスです。直葬はその機会を奪ってしまいます。ですから『生前にご縁のあった方が故人と向き合う場を奪わないでいただきたい』ということを皆さんに申し上げています」

コロナ禍に加えて、長引く不況ということからも「費用が安いから直葬で」と安易に考えてしまいがち。それが故人に、家族に、縁のある方々にとって本当によいことでしょうか。弔いの本質や意義はどこにあるか、見つめ直すことが必要だと力説します。

「感染防止対策の徹底は当然ですが、ご家族との打ち合わせでは、これまで以上にきめ細かな対応が大切です。『三密回避』とはいえ、『告別式を簡素化して流れ焼香だけ』『飲食の取りやめ』『年忌法要も中止』などを望まれる方ばかりではありません。限られた時間の中でご家族の心の内なる声を聴き出し、その意向に応じたご提案をする力が、より一層求められる時代になったということです。葬送文化は社会に欠かせません。私たちはその担い手です。通夜の省略なども目立ちますが、ご満足いただけるためのきちんとした啓蒙もまた、私たちの使命だと痛感します」

厳しい時代ですが、葬儀社スタッフにとっても「意識改革をしなければ生き残れない」時代に入っているのです。

その通りです。

現実を見ましょう。大きな葬儀社などでは、最前線の現場で家族と向き合うのは、若手社員が中心です。

もちろん若手でも、式典施行のノウハウは身に着けています。

しかし、ですよ。向き合った相手、つまり悲しみにくれる家族の心の奥まで推し量る術《すべ》が備わっているかと言えば、必ずしも「イエス」ではありません。打ち合わせでも、式典でも、つつがなく事を運ぶことが精いっぱいではないでしょうか。

当たり前です。「世の中の仕組みや右左」や「人の心の奥底にある本音」などが見えてくるのは、50代になってからじゃないですか。これは乱暴な意見でしょうか？　僕はそうは思いません。人間の成長なんて、そんなものです。だからこそ、前述の役員の「家族の内なる声を聴き出し……」のコメントになるのです。

こんな体験があります。

50代で病に倒れた男性のお葬式でのことです。喪主である奥様と故人のご両親の希望で、立派な生花祭壇を設置することになりました。お葬式の前夜、担当者数名が何時間もかけて組み上げていきます。

みんな真面目な30代のスタッフです。式典施行の経験も豊富です。

生花祭壇は彼らにとって腕の見せどころですから、声をかけ合って、笑顔での作業が続きました。そこへ奥様とご両親が「どんな祭壇になるのですか」と作業を見にきてくれました。イスに座って作業を眺めています。

そんな家族を前にしても、スタッフの作業ぶりは変わりません。相変わらず「創作する歓び」にあふれている雰囲気で声をかけます。時に「左のほう、もっと鮮やかな花がいいよねえ」「ええ？　じゃあ、こんな感じっすかあ？」「そうそう。ほ〜ら、きれいになったじゃん」「そうっすかあ。でも喉がかわいたっすねえ」と弾んだ声に笑い声が混じることさえ。

スタッフだけがいるのならこれでよし。作業に熱中しているのですから、よい作品ができることでしょう。でも、悲しみにくれる家族を前にしているのです。楽しいイベントのステージを組んでいるわけではないのです。作業中の声のかけ方にも、家族への配慮が欠かせないじゃないですか。

冷や汗が出る思いの僕は、家族の目の前で怒るわけにもいかないから、スタッフを式場の隅に集めました。「笑顔は見せるな」「声は最小限にして」「とにかく粛々と作業を進めてくれ」と指示せずにはいられなかったのです。

「悲しみにくれるご家族がいるじゃないか。楽しそうな作業を見て、気分を害したらどうするんだ」

若いスタッフたちは、なぜ怒られているのか理解できないようでした。

葬儀社が住民向けに開く葬祭セミナーでの若いスタッフの説明が、こんな「調子のこともあります。

「お葬式っていうのはね、急に起きますからね。費用もそれなりにかかりますからね。だからね、皆さん。日頃からね、きちんと準備しておかないとね、誰しもが困ると思うんですよね。そんなんじゃあ、いけませんよね」

これ、語尾の「うん」「じゃ」「ね」がなければ、よいことを言っているのです。一生懸命なのでしょうが、こういう語り方をされたら、家族としては「この会社に任せていいのかな」となってしまうことに、思いが及ばないのでしょうか。

何年もこの世界で仕事をしているスタッフでも、家族の心の内を察するという作業は難しいものなのです。これが現実ですね。

それにしても、簡素化の波は進むでしょう。

式が小規模になれば、当然、売り上げは低下します。かといって、無理やり会葬者を増やすことはできません。ならば、新たな葬送関連商品を開発しなくてはなりません。これは、葬儀社にとっては喫緊の課題と言えるものです。

なにが言いたいのか。

コロナ禍がきっかけとはいえ、内在していた問題点が表に出てきた今だからこそ、僕たち利用者側も、そして専門業者たる葬儀社側も、**お葬式に関する考え方や行動をひっくり返すチャンス**だっていうことです。

式を営むベストな時間帯は夕方だ

葬儀・告別式を営む時間帯も変わっていくことでしょう。

僕は以前から不思議で仕方がなかったことがあります。なぜ、正午を中心にした昼間の時間帯に限定して営んでいるかについてです。

家族にとっては、どの時間帯に営んでも同じこと。会葬者のことを考えれば、夕方6時からの式にしたほうが便利に決まっています。だから、かなり前から**夕方に営む通夜への会葬者数のほうが葬儀・告別式よりも多い**という傾向になっているのです。

「仕事を終えてから会葬できるので助かる」

本来の意味合いとは別に、通夜と翌日の葬儀・告別式が「お葬式一日目」と「二日目」になっていました。どちらかに駆けつけるならば、夕方のほうが行きやすい。当然の話です。

コロナ禍による家族葬の激増で、通夜が省略される傾向にもあります。これは「家族など近親者による祈りの場」たる通夜の本質に帰るものとして、歓迎すべきことのような気もします。葬儀ホールにおける「お葬式二日制」は、家族の負担が増すだけですから。

しかし、「夕方の会葬がいい」派が多いのですから、「お葬式一日制」になればなるほど、**葬儀・告別式は夕方営むことが家族にも会葬者にも好都合**じゃないですか。

「葬儀・告別式は昼間に営んで、その直後に繰り上げ初七日法要を済ませて出棺。火葬に向かうのが、伝統のスタイルなんだ」

そう思い込んでいるだけのことではないですか。

ちょっと考えれば、より多くの人が故人に祈りを捧げるのにどちらが合っているか、分かりそうなものですよね。

当日の午前中に身内だけで葬儀を営み、午後に火葬。夕方に告別式を開く。あるいは、先に火葬しておいて、夕方に葬儀・告別式を営む。

「それでは、一般の会葬者が棺に眠る故人の顔を拝めないではないか」

そんな声も聞こえてきそうです。

本当に、故人の顔を見たいものでしょうか。ラストメイクをほどこしたとはいえ、やつれた寝顔を見たいでしょうか。第一、故人が自らの顔を見られたいものでしょうか。僕ならごめんこうむります。別れの場では、心の中のやり取りこそが、祈りこそが本質だと実感しているからです。

もちろん、眠る故人に直接言葉をかけたい人や、花を手向けたい人はいます。そういう親しかった人ならば、黙っていても火葬前に駆けつけるものです。

お葬式を一日中営む

コロナ禍が収束した後でも、家族葬が主体であることに大きな変化は起こらないでしょう。

ただ、「大勢の方々に見送られて」のスタイルも、同時に大切にされることは間違いありません。コロナ禍の今と同じように、葬儀と告別式の分離という手法をお手本に新しい形を考えてみましょう。

どういうスタイルかというと、大勢の会葬者が集う式の場合、**「先に火葬」**し、**夕方に葬儀・告別式**、あるいは**先に葬儀を済ませた後の夕方の告別式**というスタイルですね。これが広がることは十分に予想できます。

さらには、すでに出てきていますが、その葬儀ホールで朝から晩まで一日中弔問を受け付けるスタイルも広がるでしょう。「**一日葬**」ということです。

喪主をはじめ家族が終日式場にいる。会葬者はその日の都合がよい時間帯に弔問する。

100人が1時間の式に集中すれば、それだけで密集です。でも、例えば午前9時から午後7時までの10時間の間に100人が分散して訪れれば、密集にはならないし、家族とゆっくり話ができます。故人の思い出話に花が咲くことでしょう。

むろん、どこかの時間帯で宗教者による葬儀は営まれます。これは故人の「通過儀礼」としては不可欠なものです。

とはいえ、一般の会葬者にとってそういった宗教的儀礼に立ち会う必要があるかと言えば、必ずしも必要なものでもないのです。それは、今回のコロナ禍での「葬儀と告別式の分離」ではっきり分かってしまったじゃないですか。

何年か前にも、すでにこんなお葬式がありました。

「俺の葬式は、学園祭みたいな雰囲気でやってくれ。みんなと撮った写真とか、思い出の品物なんかを囲んで、悪友たちが俺の悪口でも言い合ってね。コーヒーとお菓子はたくさん用意してくれよ」

50代で病に倒れた男性は、家族にこんな希望を伝えていました。

その希望通り、市内のホテルの会場を1日借りて、朝から晩まで、弔問者が絶え間なく訪れ、故人に思いを馳せる形のお別れの会が執り行なわれました。

もちろん、午前11時から1時間程度の、一般的な葬儀・告別式のセレモニーはありました。恩師や親友が弔辞を捧げたり、その場にいた者全員が白い花を祭壇に捧げたり。でも、その時間帯にどうしてもこられない人は、その前でも後でも、都合のよい時間に弔問してもらうよう、あらかじめ知らせてあったため、大勢の人がさまざまな時間に姿を見せました。

1時間のセレモニーに参列した人の多くも、そのまま夕方まで会場に残りました。思い思いの場所にいすを並べて、語り合って。故人の家族も、そんな人の輪に入っていって。

「お葬式の時間に駆けつけてきて、焼香して、故人はもちろん、ご家族ともなにも言葉をかわせないまま帰る。そんな味気ない普通のお葬式と違って、心ゆくまで別れを告げることができた」

家族は、多くの方からそう感謝されたそうです。でも一番喜んだのは、希望がかなった故人だったと思いませんか。

故人を偲ぶのに決まりごとなどありません。決まりごとは、その地域ごとに形づくられた風習です。その風習にしても、何百年も続いているものもあれば、明治以降でしかないもの、せいぜいここ十数年の間に定着したに過ぎないものまで、さまざまです。

通夜は、文字通り「夜通し」で故人の死を悼むから「通夜」だったのですね。ですから、「午後6時から7時まで、△△ホールにて通夜を行ないます」というスタイルは、葬儀ホールにおけるお葬式が全盛となって以後のことに過ぎません。地域によっては今日でも「三日三晩」通夜が続くところだってあります。

一定の時間を決めて集中的に営むほうが、なにかと便利ではあるのかもしれません。でも、「それでは思い出話もできないし、味気ないですよ」という考えが家族側にも会葬者側にもあるのは自然なことです。

70代の父親を見送った40代の男性は、葬儀ホールの小さな会場を借りて、ささやかな祭壇と遺影、それに故人が大好きだったお酒をふんだんに用意して、セレモニーらしきものを一切せず、断続的に訪れる弔問者と盃を酌み交わしながら、故人の思い出にひたりました。

タイムスケジュールにのっとって進み、なにがなんだか分からないまま時間が過ぎ去っていくようなお葬式が、本当に故人を送る場になっているかどうか、誰もが疑問に感じていることではあります。

考えてみれば、**時間に縛られない形こそが弔いの原点・本質**かもしれません。近代的できれいな葬儀ホールでのお葬式が増える中で、「次の式が控えているから」みたいな、まるで1日何組もの結婚披露宴をこなすホテル然とした「効率重視」が、流れ作業のようなお葬式を押し進めてきたのかもしれません。

お経はなぜ日本語で語られないのだろう

お坊さんへの僕の疑問も挙げておきましょう。

「意味が分からないんだから、お葬式のBGMみたいなものでしょう？　だったら、故人の好きだったクラシック音楽を流したほうがいいなあ」

お坊さんが唱えるお経に対するそんな言葉に対して、「不心得ではないか」と理論立てて批判できる人が、世の中に何人いるでしょうか。

「あの難しいお経を一心不乱に唱える。それはすさまじいエネルギーであり、厳しい修行なのです」

そう語るお坊さんの主張はもっともです。でも、それはお坊さんにとっては必要不可欠な厳しい修行になっても、お葬式の時に10分から20分ほど「外国語」として聞かされる素人にとっては修行になりません。

「お坊さんの迫力ある声で唱えられるお経。あれが荘厳な気持ちにさせてくれるんだ」

年配の人たちはそう言います。だとしたら、それこそクラシックの名曲の中には心に響く葬送曲や鎮魂曲がたくさんあります。身近な歌謡曲だって同様です。それらを流せば、お経以上の迫力を生むこともあるでしょう。

人を導き、仏道に引き入れるための「引導文」。お葬式の際に棺の前でお坊さんが故人に戒名を授けて、涅槃常住の世界に行くべきであることを教えるという一番大切な儀礼です。いわゆる「故人に引導を渡す」というものですね。古典的な漢文のスタイルです。これとて、平易な日本語でなくて本当に故人の魂に伝わるのでしょうか。冗談ではなく、心配になります。最近はかなり口語的な引導に接することもありますが、まだまだ全体としては「外国語」です。

会葬する僕たちにとっては、なんともストレスのたまる時間が経過します。

もう少し、僕の素朴な疑問につき合ってください。

みんな当たり前だと思っているのですが、不思議な光景があります。日本国内のお葬式で、故人も喪主も親族も、会葬者もみんな日本人。お坊さんも日本人。なのに、式典の間、お坊さんからひと言の日本語も出てこない。多くのお葬式では、こんな不思議な光景が「常識」として展開されています。

お坊さんが読むお経は漢文です。それを聞かされても、僕たちにはちんぷんかんぷんです。試しにお経の本を読んでみても、簡単には頭に入ってきませんし、漢字かな混じり文になった注釈を読んでも、同じことです。現代口語訳を読むにいたって、ようやくその意味が分かります。それにしたって、お経の数自体は3000を超えるというのですから、素人が覚えられるはずもありません。

多くのお坊さんでも仏教学者でも、すべてのお経を読破している人などおりますまい。

「そもそも、お経ってのはなんですか?」

これは仏教国と言われ、お葬式の9割以上が仏式で執り行なわれる日本国民の、ごく一般的な感覚でしょう。

仏教の開祖であるお釈迦様が説いた教えが、後の世で文章化されたものがお経です。仏教の経典というわけですね。貴重な教えが満載の聖典ですが、漢語のまま聞かされても、悲しいかな素人には意味が分かりません。まさに「宝の持ち腐れ」です。

「故人はもちろんですが、ここにご参列の皆さんのために唱えた**本日のお経の意味は、こういったことです。お釈迦様は、こういう教えを残した**んですね」

式の中で、そんな説教があることが、雰囲気を壊しますか。イタリア語のオペラでステージ脇のスクリーンに日本語訳が流れる。それと同じスタイルで祭壇脇にお経の日本語訳が流れる。それが「不心得」でしょうか。そんなことはないでしょう。

目の前で唱えられているお経は、現世に生きる僕たちへの教えですよね。だからこそ、会葬者全員が、聞かされたお経の意味を知ることで、生きることの大切さや、人の命の問題について深く考えるのです。学校の教室や講演会の会場ではなく、現実に故人の死というものを目の前にしているだけに、誰もが真剣に受け止めるはずです。その時に、なぜ、外国語だけを唱えて、立ち去って行くのでしょうか。

心あるお坊さんは、お葬式の場で、きちんと説教をします。ただ、その割合はさほど多くはありません。

その日読んだお経の現代日本語訳をつけてくれる人もいます。現代では必要不可欠な配慮に間違いありません。

お坊さんと僕たちは、昔の職人さんとその弟子のような関係ではないのです。

「なにも教えることなんかねえよ。俺の仕事を見て、話を聞いて覚えな」

これでは困ります。

お坊さんは、お葬式では「導師」と呼ばれます。普段でも、少なからず敬称として「師」がつけられます。「師」つまり「先生」なのですから、きちんと教えてくれなければ困ります。もちろん生徒である僕たちも、仏教そのものやお経に関する本の何冊かは読んで、自ら学ばなくてはなりませんが。

「そんな説教などいいよ。お経もできるだけ短くしてもらって、早く焼香させてください。仕事に戻らなくてはならないし」

そう言う人は少なくないでしょう。そんな「お義理の会葬」ならば、むしろしないほうがよいかもしれません。とはいえ、無理のない考え方であることも確かです。

儀式は厳粛であるべきですが、熱心に唱えられている言葉の意味が分からなくては、心の底から祈る気にはなれないのではないでしょうか。

こんなふうに語るお坊さんがいます。

「お葬式の後、唱えた経文の意味やお葬式の意義などについて、お話しする時間をいただいています。それによって、皆さんの理解も深まると思います」

なるほど、ありがたい対応です。

でも、こう主張するお坊さんもいます。

「実は、オペラも歌舞伎も、多くの聴衆にとって言葉自体は分かりにくいものですね。でも心に強く響くものがある。それと共通するものもあるような気がします」

う～ん。なるほど、そうですよねえ……。

30代の若いお坊さんは、自らの体験をもとにこうも言います。

「台湾の病院で看取りのケアをした経験があります。日本語も、英語も通じない中で、お経を唱えた際の気持ちの伝わり方がすごかったんです。言語の力を超えるものがあるんですね。これもひとつの考え方だと思います」

これは分かりやすい話ではあります。

別の若いお坊さんも、こう語ります。

「聞く方々にとってお経は難解でしょう。だから私は式の中で、通常の話し言葉による法

経文同時通訳中
お釈迦さまが
おっしゃいました。
観音さまが、とても
深い智慧を身につけ
るための修行をして
いた時のことです。
観自在菩薩
行深般若波
羅蜜多時

話に力を入れています。故人の思い出をフランクに語り過ぎるきらいがあるので、その『軽さ』が式にそぐわないのではないかと感じる方もおられるようですが、『故人の人となりがよく分かりました。明るくてよい式だったと思います』とおっしゃる方もたくさんいます」

意味が分からないから荘厳さが増すという声はそれとして、お坊さんの世界も「分かりやすさ」が大切になっていくことは間違いありません。

戒名は必要なの？

「戒名って、なに？」

「お葬式の時に故人につける、あの漢字だらけの名前のことでしょ？」

「位牌や墓石に刻むよねえ」

「でも、あれをつけてもらうのって高いんだから」

こんなところが一般的な認識ではないでしょうか。だから、ちょっと脱線すると、こんな談議になったりします。

「お寺に決めてもらわなくても、自分でつけてあるんだ。『宿酔院葷酒鯨海居士』だ。どうだ、俺らしいだろう」

戒名の意味についてしっかりと学んだうえで、どうしてもそう言うならば、それもそれで、ひとつの人生哲学というものかもしれません。

自宅の仏壇に並んでいる、戒名を彫り込んだ位牌を見てみましょう。こんな形で表現されています。

男性ならば一般的にこうです。

□□院○○△△居士（こじ）

　　○○△△居士

　○○△△信士（しんじ）

女性ならば一般的にこうです。

□□院○○△△大姉（だいし）

　○○△△大姉

○○△△信女（しんにょ）

「□□院」は院号。その次の「○○」が道号。次の「△△」が戒名。次の居士・信士・大姉・信女が位号です。

ちなみに、明治の文豪・夏目漱石は「文献院古道漱石居士」。あのドリフターズのいかりや長介は「瑞雲院法道日長居士」です。

お坊さんではなく、僕たち素人に分かりやすい言い方をしますよ。

宗派によりますが、**戒名にはおおむね3ランク**があります。ランクの上下で言うと、右に書いた戒名のスタイルの右から左へ「上中下」です。修行の程度やお寺への貢献の程度で、その家のランクが決まるのだそうです。

お葬式で戒名をいただく際のお布施も、その先のさまざまな機会におさめるお布施などの金額も、このランクにより異なります、一般的に。

仏教書ではないので、詳述は避けますが、言いたいのは死後の名前である戒名にもランク、悪く言えば格差があるってことです。

生きている時に「収入格差」「能力格差」「学歴格差」「男女格差」「勝ち組と負け組の格差」など数え切れないくらいの格差に悩まされる僕たちなのに、あの世に行ってからも名前に格差があるというのは、なんだかせつない気分ですね。**世間ではこんなことが戒名への疑問につながっている**のです。

言うまでもなく、戒名とは仏教徒の証です。お釈迦様の弟子になって出家修行するという証明です。でもねえ、生前に信仰心がなかったのに、死んだからといってすぐに「お前は仏教徒だ。修行せよ」と言われたって、「はい、分かりました」とはなりませんぜ。

多くの人は生きている間に戒名を受けません。亡くなって1日か2日の間にお坊さんから授かります。でも、これだと、かの地に旅立つ本人は、自分の名前を知っているのかどうか、分かったものではありません。となれば、本来戒名とは生前につけておくべきものなのでしょう。仏教改革運動のひとつとして、「生前戒名」について熱心に主張している人もいます。世間で言う「戒名料」に相当する高額のお布施をとらないお寺も一部にあります。

とはいえ、現実には戒名に対する僕たちの理解は、正しいものではありません。

「戒名料は高いから」

これも、世の中の常識です。お寺側は「戒名料」という言い方をなくそうと懸命です。「役所で書類を発行してもらうのに手数料がかかるように、戒名をつけるための手数料がかかる」みたいな認識を改めたいからだと言います。

とはいえ、数十万円から、極めて異例ですが状況によっては1000万円を超えるようなものまで、いわゆる「戒名料」は存在しています。格付け、すなわち「院殿号」「院号」「居士・大姉」「信士・信女」などによって、多くの場合は金額が異なります。その料金一覧表を示すお寺もあります。領収書を発行するお寺もあります。これでは、「死出の旅路のパスポート」という認識が広がっても仕方ありません。

お経の問題と同様ですが、これも、人生の「師」たるお坊さんの啓蒙への努力が不足していると言わざるをえません。**戒名の意義をきちんと啓蒙することは基本中の基本**でしょう。仮に熱心な仏教徒でなかろうとも、ことは「生き方」を左右する問題ですから。「導師」という言葉は、決して「かの地に導く」役割を負っているだけのものではありますまい。現世において、みんなが人生をいかに充実させるか、そのための「導師」であるべきでしょう。それを放棄したかのよう感じる現状には、ある種の悲しさを覚えます。

戒名が「パスポート」であるうちはまだしも、こう考える向きもあります。

「普通の戒名は飛行機でいえば『エコノミークラス』の搭乗券、院号つきは『ビジネスクラス』の、院殿号は『ファーストクラス』の搭乗券のようなもの」

そんな認識だから、「飛行機になんぞ乗らない。自分は歩いて旅立つから」という人からは、

「高いお金がかかる戒名などいらないよ」

といった戒名不要論が声高に叫ばれるのでしょう。

さらに言えば、日頃、仏教を信心しているわけではないのですから、儀礼的に戒名をつけることは仏教への冒瀆につながるのではないでしょうかね。

ですから、**戒名の意義をきちんと理解したうえで「不要論」を口にするのか、そうでないのか**。そのあたりが大切ではないでしょうか。そんな姿勢で「戒名とはなんぞや」とか「戒名の格付けは、金で買うものなのか」ということについて、**菩提寺のお坊さんなどに問い尋ねたりしながら考えていけば**、自然と答えが出てくるのではないかと思います。

「みんなで見送る」のが本来

コロナ禍は、宗教者の意識にも大きな影響を及ぼしているようです。

「長い人生を歩まれた故人との最後のお別れの場です。本来なら、その足跡や人柄を、ご縁のある方全員で共に偲びつつ、ご冥福を祈っていただくべきですが、コロナ禍でそれが難しいのですよ」

先日出会ったお坊さんはこんな言い方をします。

「葬送の儀式は大切ですが、その前に、まずご参列の皆様全員の命の安全に配慮しなくてはなりません。導師である私が入場すると、喪主が会葬者に挨拶し、まずは一般の焼香を優先させるケースも出てきました。会葬者はそのまま帰ることになります。その後に、20人程度の限られた人数の身内によって本来の儀式が始まるというスタイルですね。導師入場前に一般焼香が行なわれることもあります。多くの方々の安全を考えると仕方がない対応です。それほど厳しい状態だということですね」

ここでも葬儀・告別式の「**順序の逆転**」が起きています。**故人の人生の凝縮がお葬式です。縁のある人が、ひとりでも多く集まってほしい**ものです。

「私の寺の檀家さんも、コロナ感染の拡大によって家族葬というご要望が増えました。家族葬自体がいけないとも思いませんが、『家族葬だから、家族以外は参列してはいけないんでしょう？』などといった誤った考え方は正さなければ。お葬式や年忌法要を通して、思い出話に花を咲かせて、初めて故人の人生を改めて認識できるものです。それが今、参列者を絞る。法要も最低限の人数で営む。会食等は控える。そんな制約を受けているのは残念なこと。早く本来の姿に立ち返りたいものです」

お坊さんは60代。彼らの世界では「若者」とも表現されるのがこの世代です。考え方は青年風です。

「葬儀ホールにおけるリモート会葬とか、私の寺でも今年の節分会で本堂に入らないままウェブで法要の様子などをご覧いただき、祈り捧げていただくといった試みも始めました。仏教もSNSと無縁ではいられないのです。お葬式も、法要も、檀家さんにすれば『きちんと営みたい』のです。だからこそスタイルも変えて、SNSの力も借りる。そうやって多くの人の思いに寄り添っていかねばならない時代なのですね」

「このままでは、お寺が、そして信仰が見捨てられかねない」

そんな危機感をあらわにしているお坊さんも少なくないのです。

お寺でコンサートや朗読会、落語会などを開催する。さらにはカフェバーを開く。境内にパン屋さんを開いて親子の人気を集める。自らヒップホップダンスを披露し「お寺に集まろう、語り合おう」と呼びかけるお坊さん。庫裏を改装してアイランドキッチンを並べて精進料理教室に情熱を注ぎ、健康さらには命の大切さを説くお坊さん……。

そこは、多くのお寺にただよう「敷居の高さ感」とは無縁の世界があります。大勢の人たちと向き合おうという意欲にあふれています。現実にそこには、大勢の人たちが気軽に立ち寄っています。

こういう考え方のお坊さんたちが増えていくことも、お葬式が進化してゆく力になるのではないかと、僕は期待しているのです。

ならば、もっと変えよう 2

「夢の3兆円産業」今は昔

お葬式の「簡素化」という流れは20年以上も前から始まっていました。言うまでもなく「家族葬」の登場と広がりです。さらには「直葬」も始まりました。

とはいえ、その頃までの葬儀業界は「夢の3兆円産業」などと言われていました。

お葬式1回の売り上げは平均で200万円にもなりました。週に1回施行すれば、年間に1億円です。しかも人口高齢化の進展で、年間死者数は増えるばかり。ですから「夢の産業」だったのです。

伝統的な葬儀社だけでなく、大手電鉄をはじめ、大きな企業がお葬式の世界に進出しました。大きなホール建設も進みました。

自宅やお寺でのお葬式から、葬儀ホールでのお葬式が普通の光景になっていました。狭い自宅やお寺の本堂に座ったり境内に立ったりしたままのスタイルに比べれば、とても便利でした。冷暖房完備で、家族や会葬者の流れも機能的です。宿泊機能も備わっていますから、遠くからくる会葬者は宿をとる必要もなく、ホールに泊まればよかったのです。これは便利なことです。

とはいえ、時代は今日につながる「長期経済停滞期」にありました。昭和のように「毎年、給料が上がった」みたいな状況は昔話でした。

人間関係も稀薄化の一途をたどりましたから、お義理の会葬が減ってきました。「普通のおじいちゃん、おばあちゃん」でも会葬者が２００人近くは集まる、そんな光景から、多くの場合は数十人規模に減ってきていたのも事実でした。そんな時代に登場したのが、家族葬だったというわけです。

「故人の家族と親しい親戚、あとはどうしても故人に別れを告げたい友人や仕事関係の人で見送ればいいじゃないか」

懐具合が厳しい人も多くなってきましたから、「すべての儀式は省略して、火葬と埋葬だけにしよう」という直葬も出てきたのは当然でした。火葬の場でお坊さんなど宗教者の立ち合いを省くケースも出てきました。

とはいえ、まだまだそういった簡素化は少数派でした。

「きちんとした見送りをしなければ、バチが当たる」

世の中の多くの人はそう考えていました。まあ、日本は仏式が中心ですから「お坊さんのお経もなしに、お葬式などできるものか」という考え方があったんですね。

会葬者側にも「故人は直接知らないが、その息子さん（娘さん）とつき合いがあるから、顔を出さなければ」というお義理の会葬がごく普通の光景でした。

葬儀社側も、会葬者の激減は返礼品の大幅な売り上げ減につながりますから深刻です。そんな波を拡大させまいと、業界を挙げて「家族葬という言葉を広めないようにしよう」と務めました。「直葬など、もってのほか」でした。

だから、家族葬のデメリットを強く発信していました。

「会葬者が少ないから香典は激減します。家族の金銭的負担が重くなります」

「後日故人の家に弔問者がひっきりなしにくるので、おちおち留守にもできませんよ」

その時代に、近しい間柄の葬儀社と肩を組んで**「お葬式の改革」に取り組んでいた**僕は思っていました。

「いやいや、業界が一致団結して簡素化にはむかっても、この流れは止められない。長引く不況で庶民の経済的な事情は厳しくなる一方だ。それに信仰心の薄い日本人だけに、祈りの気持ちも乏しい。今は全体の一部でしかない小規模なお葬式が、いずれスタンダードなものになるのは避けられない」

だからこそ、既存の返礼品といった視点から脱却した、新たな「葬送関連商品」を開発しない限り、事態は苦しくなる一方だといった議論を繰り返していました。

だって、自分自身が一会葬者の立場で考えれば明らかじゃないですか。

「友人の親のお葬式かあ。顔も知らないけど、行かなきゃまずいよなあ。でも行けば、式で1時間あまり。行き帰りの時間を考えれば、へたをすると半日潰れるじゃないか。厳しいなあ」

「参列したって、喪主とまともな話ができるわけじゃなし。焼香後の退室の際に『ご愁傷様』とひと言投げかけるだけだもんなあ」

「お義理の会葬で香典1万円は痛い出費だなあ。それで、いりもしないお茶や海苔、調味料セットなんて返礼品を手にして帰るんだから。『1万円のお茶』だよ、いやになるなあ」

不謹慎は承知の上ですが、多くの人がこんな気持ちではないでしょうか。

こんな、**お義理の会葬者**にとっては、家族葬の出現と増加は、なんともありがたい流れだったのです。

喪主など家族の考えも変わりました。

ちょうどその頃、結婚式が激変し始めたじゃないですか。それまで、僕たちの社会で欠かせないものだった「仲人」という存在はなくなり始めました。教会や神社などでの結婚式やブライダルパーティーで、仲人の姿を見ないことが増えてきました。宗教者抜きに、新郎新婦・家族・友人で結婚を誓い、祝う「人前結婚式」も珍しくなくなっていきました。今では仲人の姿を見ない式が当たり前になりました。

「神様の前で結婚を誓わないでどうする。縁起でもない。結婚とは神聖な儀式だ」

自分の結婚の時に「人前式」を言い出して、親にそう説教され渋々引っ込めた世代が親になって、自分の息子や娘から「人前式」を提案され「それでいいじゃないか。自分たちの時もしたかったんだ」と考える。そういった世代的な考え方の変化の波が押し寄せました。

僕たちは思いました。

「この流れは、20年後にはお葬式の世界に押し寄せるぞ。『お坊さんに拝んでもらわなくてはバチが当たる』という説教が『時代遅れだ』って言われる時代が。『大がかりなお葬式とかいらないでしょう』『お坊さんに拝んでもらわなくてもいいよね』と考える層が大半を占めて、お葬式の光景をガラッと変えてしまうかもしれない」

信仰心がほとんどないという国民性ですよ、僕たち日本人の場合。年中行事としての初詣などは、行楽的な感覚も併せて熱心ですが、日常の生活で「仏に、神に祈る」という考え方はないに等しいものですからね。

だから今、激変の波が押し寄せているのは不思議でもなんでもないのです。

「終活」という言葉の軽さがいやだ

コロナ禍という、ありがたくない展開がきっかけとはいえ、せっかくお葬式が激変したのだから、**もっと変えていくべし。それも「弔いの本質」に迫るという形で。**

流れが急激に変わってきた今は、そのチャンスなのですから。

基本は「お葬式について考えることをタブー視しない」ことですよね。

ここでは、「終活」などといった軽いノリの言葉を使いたくないのですよ。もう10年以上も前に流行語になった終活という言葉。就職活動の「就活」や、結婚を目指す「婚活」。さらには離婚が珍しくなくなった最近では「離活」。さらに「妊活」「保活」「転活」「美活」……。反社会的な色合いを帯びますが「パパ活」なんて言葉も一般的です。**なんでも「活」の字をつけりゃあいいってものじゃあるまいし。**なんか「軽い」んですよ。かけがえのない自分自身や家族のこれからの人生を、最後の最後、いや「その日」がきた後のことまでをじっくりと前向きに考えようっていうのですから、流行語的な軽い表現をしたくないのです。

だって、軽いノリのかけ声では、地に足を着けた取り組みにならない気がするものですから。

生命保険会社や葬儀社のCMでは、今でも「万一の時」なんて表現が消えていません。抵抗があるなあ。なぜって、**人の死は「100%確実」にくる**ものだから。

交通事故死なら万が一、つまり一万分の一と言ったってかまいません。でも、生きている以上「死」は必ずやってきます。不平等や矛盾、偏見差別に満ち溢れた人間にとって唯

一、そして最高の平等が、死の訪れです。
「いつかは必ず死ぬ」

だから、それまでの人生をどう高めるか。これは万人の課題にほかなりません。きわめて重い問題なのです。

しかも、20代、30代の若者世代なら「ずっと先の心配事」でも、僕のように60代にとっては目の前の課題です。

しかも、体力や頭脳は衰える一方の世代。この先の生き方を「5年刻み」で考えていては間に合いません。**2〜3年刻みで考え、実行**していかなければ。残り時間を考えれば、当然の話です。


人の命には限りがあります。年をとるにつれて、誰の頭にも「老いへの不安」がよぎります。

「認知症になったら、どうしよう」

「病気や事故で、体が不自由になったらどうしよう」

「子どもなど、家族に迷惑がかかるようになったらどうしよう」

「生活するのにお金は足りるのだろうか」

生きるということは「死という終着点に向かって、歩を進めている」ことを意味しています。「死」や「お葬式」について直視したくないという気持ちから、とかく「もしもの時に……」いう言い方をしがち。でも、よく考えましょう。人にとって「死」は100%確実に訪れるものです。年齢による心身の衰えも同様です。

必ずくるものだからこそ「**その日に向けた対策**」は避けて通れないのです。

ただ、現実に加齢や病気などで体が衰えた段階ではそんな対応策など考えたくはないものです。「年老いてしまったのに、今さら……」というわけです。それだけに、**体力気力ともに旺盛な40～60代のうちに**、きちんと考えておかなくてはならない課題と言って間違いないのです。

お葬式は「高額商品購入」なのだから

僕たちが明確に認識しておかなくてはならないのが、**お葬式を営むことは「人生でも何**

番目かの高額商品を購入する」消費行動だということなのです。

これ、見落としがちな点ですよね。

ここ何年か「終活」（前述したように、使いたくない言葉ですが）「エンディングノート」「断捨離」などという言葉が広がりつつあります。とはいえ、言葉を見たり聞いたりするにとどまっていて、「内容については、よく分かりません」という声が多いようです。「人生の最終ステージを、どう充実させるか」というテーマとはいえ、死を前提にするせつなさから「前向き」に考えたくないかもしれません。積極的に勉強して知識を増やして実践しようという気にもなりにくいのは正直な感想です。

コロナ禍の今でもあります。

「親の葬式の話？　縁起でもない。そんなことを考えたり準備したりするなんて」

家族同士のこんな会話が。そうやって、親や自分の人生の終盤に目を背けて、いざ現実に「その日」がきて初めて慌てるのです。

「なにをどうしていいやら分からない。ともかく地元にある葬儀社に連絡してみよう。専門家なんだから、なんとかしてくれるだろう」

肉親の死に動転するのは分かります。葬送の儀式に手慣れている人なんてそうそうはいません。

ただ「悲しいから」といって立ち止まってはいられません。

通常の場合、「逝去」の翌日か、時間によっては翌々日が通夜。その翌日が葬儀・告別式という過密スケジュールが待っているのですから。

そして一番大切なポイントがあります。それは葬儀費用のこと。家族葬が一般的になったとはいえ、**飲食費用やお坊さんへのお布施など宗教者への費用も含めて少なくとも数十万円の費用はかかります**。以前のようにひとつのお葬式で平均200万円などということはなくなりましたが、それでも、日常の食事とかシャツなどの衣類を購入するのとはケタ違いの費用がかかります。

つまり、お葬式とは故人に別れを告げる儀式であると同時に、「かなりの高額商品を購入することだ」という現実をしっかりと認識していなければなりません。

人生最大の買い物が「家を買うこと」だと言われます。何千万円単位ですよね。次に高額なのは何百万円の自動車でしょうか。人によっては優雅な海外旅行かもしれません。その自動車購入に匹敵する買い物が、「お葬式を営む」ということなのですよ。

その認識がないまま親などの「その日」を迎えるから、こんな展開になるのです。

「お葬式の料金っていうのは、どうしてはっきりしていないんだろうね」

「とんでもない。パンフレットに表示した金額も見積書の数字も、すべて明確じゃないですか。不明朗な点などひとつもありませんよ」

「そんなことといったって、**パンフレットの金額と、現実の請求金額は全然違うぞ。**この違いはどこからくるんですか」

「それは、お客様が棺や祭壇のクラス、お料理や返礼品のグレードについて、高級なものをお選びになったからですよ。やはりお宅様くらいのお家柄ですと、これくらいは……」

「でも、グレードアップの話なんか聞いていないぞ」

「いいえ、打ち合わせの際に申し上げておりますよ」

「ええ？　聞いてないと思うよ、そんなの」

過酷なスケジュール闘争の回避には

よく言われますよね。

「お葬式の料金は明確でないし、高いからなあ」

大昔ならば見積書もなく、お葬式終了後に、

「総額でこれだけの費用がかかりました。よろしくお願いします」

といった請求がくることがあったかもしれません。どの業界も同じようなものでした。

でも今は、多くの葬儀社の見積書にせよ請求書にせよ、たとえば、自動車ディーラーとか住宅建設会社のものなどに比べても、基本的に見劣りするものではなくなっています。

祭壇・柩・骨壺・その他多くの付属品や付帯費用。飲食や会葬返礼品にかかる費用。そういったものがかなり詳細に明示されています。

それなのに、今でも「葬儀社の主張する費用は不明確で……」、極端な例では「葬儀社に騙されて余計なお金を払った」といった声が聞こえてくるのはなぜでしょうか。

それはこんな理由からです。**家族側は**肉親の死と慣れないお葬式への不安から「**精神的な混乱状態**」にあります。そんな中、逝去当日か翌日の20～30分程度の短い打ち合わせで「明日からの通夜や葬儀・告別式の内容・予算を決める」のが現状です。葬儀社側が説明すべきことを説明したとしても、**家族の頭の中には入ってこない**のです。そういった家族に対応する葬儀社側も人間ですから、相手の「言葉にならない心の内側」を読み取る超能力など持ち合わせてはいません。だから「**言った**」「**聞いてない**」**になりやすい**のです。

その末に「葬儀社の言うことは不明確で……」になってくるわけです。

最愛の家族が亡くなった。その当日、頭の中は混乱して戦場と化すわけです。

「お葬式はどんなふうにしたらいいいか」

「親戚には連絡したか」

「会社へは連絡したかい」

「お寺さんに行かなくちゃ」

「近所の人がお悔やみにみえたよ。どこへお通ししようか。お茶は誰がいれるんだ」

お葬式に慣れている人なら、落ち着いてひとつずつこなしていけばよいのですから、さほどの混乱は起こりません。でも、ほとんどの人は、喪主になることなど一生のうちに一度あるかどうか、というものです。これからお葬式が終わるまで、なにをどうしてよいやら見当もつきません。

ですから、葬儀社が通夜から葬儀・告別式にかけての作業手順や見積もりを示しても、そこに「日本語が書いてある」ことは理解できるのですが、「なにを意味しているか」についてなかなか理解できないものです。

「なにからなにまで一番安いもので決めてくれればいい」

そんな要望ならば、それで組み立てられますが、お葬式のことです。いろいろな人の考えや世間体もあります。簡単には決められません。

葬儀社側にしても、そこは営業ですから、

「祭壇も棺も骨壺も返礼品も、いろいろな値段があります。やはり世間体を考えますと、最低の価格のものは避けたほうが……」

つまり「松・竹・梅なら、松まではいかなくても竹にしておいたほうが……」といったやりとりになります。

「まあ、世間並みにはしたいんですよ。故人のためにもね」

「そうですよね。こちらほどのお家柄であれば、なおさらです。故人もお喜びになられるでしょうし」

故人が喜ぶかどうかを確かめる術《すべ》はありませんが、ごくごく普通の展開ですね。また、経験の浅いスタッフによっては舌足らずな説明をしているケースがなきにしもあらず。葬儀社・家族の双方がそんな混乱の中でもがき、結果として相互理解が進まなくなるのです。しかも、役所の会議のように議事録が残るものでもないですから。

こんなことから**「お葬式の費用は不明確」のイメージが払拭できない**のです。

例えば自動車の購入ならばどうでしょう。落ち着いて、しかも何度も考え直して、試乗もしたうえで最終決定しますから、買う側も納得づくのこと。ところがお葬式では、故人が亡くなったその日か翌日になにもかも決める、ほとんど即断即決に近い状態で。それも慣れないことや知らないことについて。

ですから、「逝去の翌日の通夜」「翌々日の葬儀・告別式」という**過酷なお葬式スケジュールを変えない限り、この混乱は解決しない**のです。

「コロナ禍だから家族葬」の前までは、「逝去の翌日に近親者の密葬」「二、三週間後のお別れの会（告別式ですね）」という形がかなり注目されてきていました。政治家、企業経営者、芸能人だけでなく、普通の人たちでも希望する人が大勢いました。

これならば、決めるべきことが多いお別れの会までに相当の日数がありますから、落ち着いて話し合いができます。分からないことは、第三者に聞くゆとりもできてきます。なにからなにまで「即断即決」という事態は避けられます。時間的制約に追われずに済むのですから。

故人に合う式典内容だけでなく、投じる経費についても、納得づくの打ち合わせができるのです。これが一般的になって初めて、「葬儀社が言う費用は不明確」という印象が払拭されるはずでした。

ところが、今日のコロナ禍の到来で、水を差されてしまいました。

欠かせない「消費者意識」

では「コロナ禍だから小規模なお葬式一本で」が主流になってしまった今、**お葬式の過酷なスケジュールによる混乱から逃れる手だて**はないのでしょうか？

あります。

それが**葬儀社などへの「事前相談」**なのです。

何百万円の自動車を買おうとしたら、まずショールームに行きます。何千万円の家なら住宅展示場でしょう。洋服なら洋服店やデパートですね。

高額商品の場合、その日に購入するつもりがなくても、気軽に出向いて店員に相談します。

お葬式も同様で、専門家の知恵や経験を参考にすることが、消費者としての最善の方法です。

故人を見送る神聖な儀式という目的が最優先されるのはもっともです。ただ「式典を施行してもらい、その対価として多額のお金を払う」、つまり「葬儀施行という高額商品を買う」というもうひとつの本質を忘れてはなりません。だから、綿密な事前相談が大切になってくるのです。

エンディングノートの書き方、財産の整理や相続のあり方、お葬式や年忌法要の営み方、費用に関する見積もり……、普段はなかなか考えないことを、気軽に相談して多くの参考意見を聞くことで、自然と準備が進んでいきます。

現実に家族が亡くなったためにお葬式の依頼にきたのではありませんから、落ち着いて語り合えます。まさに「ウインドーショッピングにきている」という感覚でよいわけです。

それに、必ずしも現実に葬儀社に出向く必要もありません。ネット時代ですから、各社にホームページがあります。そこにはかなり詳しい説明が載っています。費用の概略もあれば、自分で見積りができるコーナーもあります。そういったものを眺めることから始めるのも有効な方法です。**まずは「お葬式に関してネットサーフィンしてみよう」**という行動が、今日的取り組みですね。そこで予備知識を頭に入れてから実際に訪問すれば、より詳しい相談ができます。

面倒くさそうな相続や遺言などについても、葬儀社には豊富な資料があるから、とても便利です。

それらの基礎資料となるのが**エンディングノート**です。

市販されているエンディングノートを手にとってみましょう。

書き込む項目は「これまでの歩み」「資産状況」「介護や延命治療等の希望」「自身のお葬式への希望」「連絡したい親戚・友人知人」など多岐にわたりますが、それらを一気に埋めようとして肩に力を入れると負担になります。「面倒なところは飛ばして、書けることだけ」「思いついた時にメモ的に書けば」、そんな気軽な姿勢で取り組みましょう。

健康な人も、いつ病気やけがで不自由な体になるか分かりません。だから「若いうちに、書けるところから」が大切です。

言葉で家族や周囲に伝えておいても、正確に理解されにくいものです。ノートに記しておくことで、自分の意思が家族や医師、介護スタッフなどにスムーズに伝わります。

高齢の父親が認知症で、母親が病弱だという50代の男性は、仕事の合間を見ては実家に通い、両親の預金や保険の証書を調べ、親戚や友人知人について年賀状などを頼りにリストアップしてファイルノートにまとめましたが、相当苦労したようです。

「2年近くかかりましたが、調べ切っているかどうか。父親の田畑や山林も把握できたか不安です。まさか借金はないでしょうが」

引き出しをあさって、「見栄えのする両親の写真」を見つけて、写真スタジオで修正してノートに保管しました。「その日」への備えです。

「こういうのって、自分たちが元気なうちにやっておいてほしいですよね。エンディングノートって言われ始めたのは、もうずいぶん前じゃないですか。メモ書きでいいから残しておいてほしかったなあ。高望みですかね」

男性は苦笑いしますが、けっして高望みではないはずです。

複数の葬儀社への事前相談と見積書

相談は複数の葬儀社を回りましょう。それが消費行動の基本だからです。家を買う、自動車を買う、高価な洋服を買う。そんな時は誰でもいろんな店を回るじゃないですか。そして、仮の見積書をつくってもらうことが欠かせません。

自動車を買う際のディーラーの見積書も細か過ぎて分かりにくいですよね。

「細かいところは分からない。総額いくらになるかを説明して」

そう言いがちです。ましてや葬儀施行の見積書は、普段見聞きしない言葉が並んでいかねないので、なおさら理解しにくいものです。

でも、事前相談ですから、時間的にせっぱつまっているわけではなし。ひとつひとつ分かりにくい点について質問しながら、読み進められます。浮かんだ疑問についてじっくり聞くことができます。

これが当たり前の「消費者行動」ではないでしょうか。
あなたが何社回っていたとしても、誠実な葬儀社なら親身になって応じてくれます。それこそがお葬式の依頼先を決める理由にもなります。「当社とよそを比べているのか」と嫌な顔のひとつもしたら、そことつき合わなければいいだけですから。

こうした事前相談をしておかないまま、親の他界などという「その日」を迎えてしまうとどうなるでしょうか。

葬儀社の担当者がきて、通夜から葬儀・告別式までの一連の内容を20〜30分ほどで決めなくては「間に合わなくなって」しまいます。

祭壇、棺、骨壺、その他「上中下」の三択を迫られて、「まあ、中でいいんじゃないですか」的に決めざるをえなくなります。

「知らないことばかりだから、葬儀社の人が言う通りの内容や形式で、言われるままの金額を支払いました。全部が必要だったかどうか、納得できない点もありますが」

こうして、世間では「葬儀社に騙された」的な言い方にもなっていきます。

葬儀社の肩を持つわけではありませんが、これでは彼らがかわいそうです。

なぜかといえば、これって騙されたわけじゃないからです。

家だって、自動車だって、洋服だって、飲食店だって、旅行だって、売る側は可能な限り「よい商品」をセールスします。当たり前ですよね。そして「よい商品は、値段が高い」、これも常識です。

肝心なのはあなたにとって、三択だとすれば「**素晴らしくて、同時に値段が高い商品**」が必要なのか。「**内容も値段も中程度の商品**」が希望なのか。「**やや物足りないが、値段の安い商品**」がよいのかという点です。消費者としてきちんと判断しなくてはならないのに、その判断基準について事前に十分な勉強をしていないとしたら……。

家だったら、車だったら、高価な旅行や洋服だったら、「どんな内容の、いくらぐらいの物を買おう」と一生懸命に考えて、じっくりと説明を聞いて、それを家に持ち帰って家族で検討して、またお店に行って。それを繰り返してようやく購入するのではないですか。なのに、葬儀施行という高額商品を買う際には「出たとこ勝負」みたいな態度で臨む。

これでは賢い買い物などできませんよね。厳しい言い方をすれば「消費者としては怠慢です」ということになります。

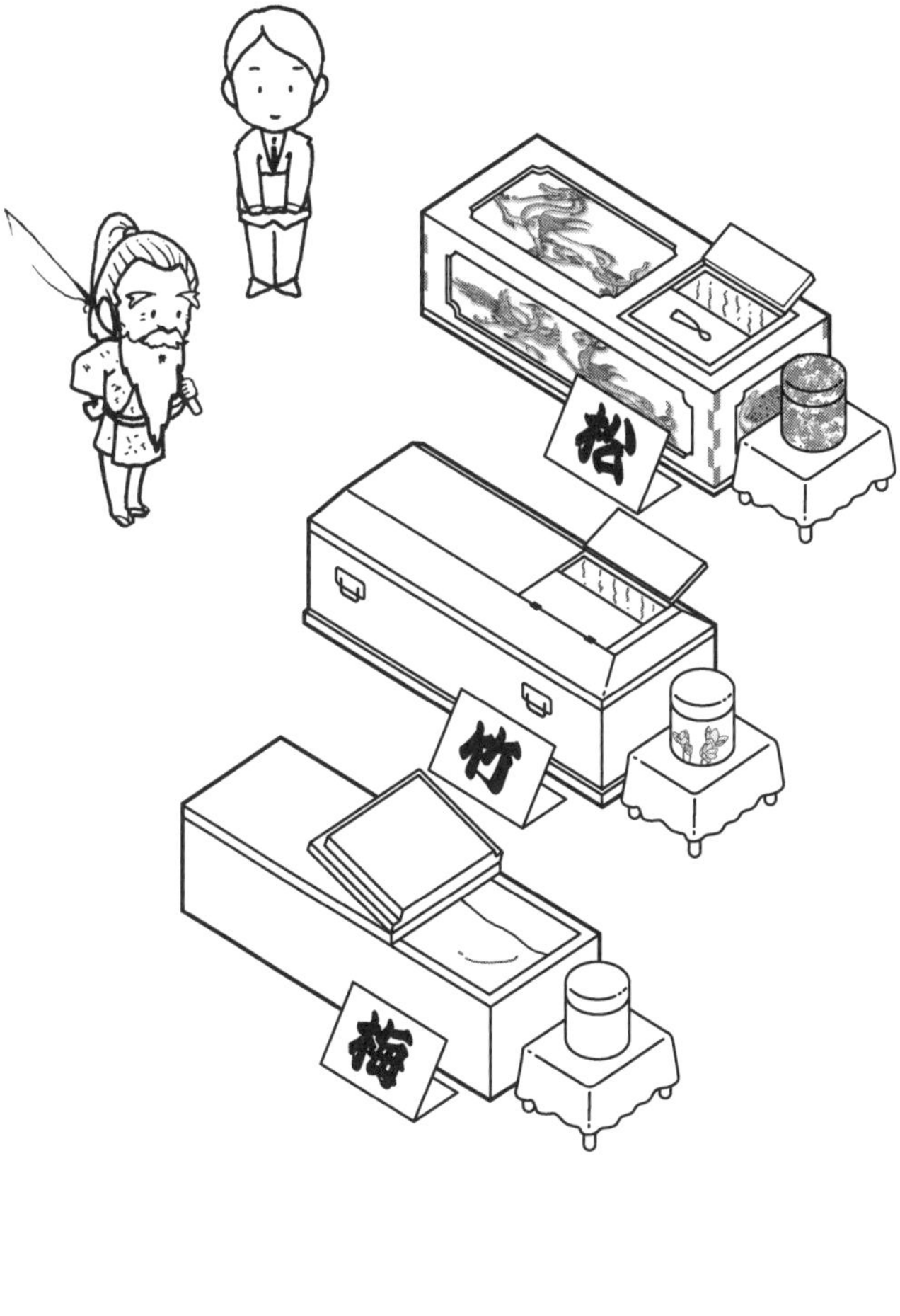
松
竹
梅

僕自身は、自分の親や自分自身のお葬式で「豪華な祭壇」も「高価な棺も、骨壺も」不要だと考えています。

祈りの場を生むに十分な物ならば、簡素さを最優先します。

棺は「燃やしてしまう」し、骨壺は最終的にお墓に収めて年月をかけて土に還すのだから豪華に過ぎる物などいらないのです。

たとえ、葬儀社スタッフから「こちらさまのようなお家柄なら（もちろん、僕の家はそんな家柄ではないですよ）、最低限これくらいの祭壇、お棺、骨壺のほうが」と高価な物を勧められても、明確にお断りします。

棺も数万円のシンプルな物から、「無垢材に彫刻付き」「布張り」など豪華さを追求すれば１００万円を超える物まであります。親のお葬式ならリーズナブルな棺で十分だし、僕自身の場合なら一番省費用的な物で十分だと決めています。焼く際のCO_2など環境を考えたダンボール製もありますが、10万円くらいはします。これも考えどころではありますが、やっぱり省費用の観点が優先かもしれません。今は、ネット通販で僕でも事前購入できる時代です。木製のワンタッチ組み立て式で2万円を切る棺もあります。これなら、自宅の納戸に収納しておけます。

20年来、お葬式を見つめ続け、改善策を考え続けてきたのですから、明確な意思に基づいた主張ができるのは当たり前です。誰だって、「知らないこと」については歯切れのよい主張などできません。

言いたいのは、一人ひとりが、自分の考えをしっかりと固めておけば、納得のいく決め方ができるということです。そうでないと、費用や内容で必ず後悔する事態を招くのですよ。繰り返します。「お葬式は高額商品の消費行動」なのですから。

遺影は自分で準備

お葬式に欠かせないのが遺影です。

なのに、いざという時になって、遺影探しで家族があたふたすることが珍しくありません。旅先のスナップ写真におさまった小さな顔を拡大して、パソコン処理で服装や背景を変えた、ぎこちない雰囲気の遺影がまだまだあります。かなり以前の写真を使うケースもあります。あらかじめ遺影について考えることがないまま、いざ「遺影用の写真がないか？」という時になって探しても、よい写真が見当たらないため「とりあえず、これでいこうか」となったことが原因ですね。

そういう遺影を見てきた世代を中心に「自分の時は、こんな写真では恥ずかしいし、世話になる家族に面倒な思いをさせたくない」といった考えから、自分で写真スタジオなどに出向いて撮影しておく人が増えてきました。

写真スタジオ側も、積極的に「遺影写真を用意しておきましょう」とアピールして、それが世間に受け入れられるようになってきました。

あるスタジオのカメラマンは言います。

「50代から、おみえになりますよ。昔は『遺影用の写真を』などと呼びかければ、しかられたものですが。今は考え方が変わってきたことを実感します」

別のカメラマンもこんなことを。

「ご高齢の方だと、スタジオにきてもらうのもおっくうでしょうから、ご自宅にうかがって撮影しています。そのほうが、より自然な表情になるものです」

スマホの普及で、誰もがいつでも写真や動画を撮影できる時代です。こう語るスタジオ経営者もいました。

「ご両親の日常のご様子をスマホで動画撮影した息子さんが、そのデータを持参して『ナレーションを入れて10分程度の映像に編集してほしい。お葬式の時に皆さんに見てもらうんです、元気だった姿を』と依頼されたこともありました」

中には「結婚して子どもがまだ幼い頃から、ずっと撮ってもらっています。私の葬式には、青年時代から晩年までの、背広姿やラフな服装のものまで、6〜7枚くらい祭壇に並べてほしいなあ」という声も。

祭壇に遺影が1枚だけという決まりはありません。何枚かの写真を並べた祭壇の例もあります。遺影の額はひとつですが、数分置きにいろんな写真が写されるスクリーンになっているスタイルもあります。

その人の人生の総仕上げの場ですから、さまざまな顔が掲げられて、むしろ当然でしょう。

みんながスマホを持ち歩く時代ですから、家族の写真も撮りやすくなりました。病気がちの両親を介護する女性は「先日、結婚65年のふたりが手をつないで歩く姿が撮れました。よろけそうになった母に父が自然と手を貸したんです。ふたりともいい笑顔でね。それぞれの『その日』には、この写真を切り取って遺影に使おうかな」と、その自信作を眺めながら笑顔で語ります。

僕自身の遺影ですか?

仕事で使う名刺に刷りこんだり、著作の著者近影などに使ったりするために、3～4年に一度はカメラマンに撮影してもらっています。そのデータをCDに保存してプリントした物と一緒に分かるようにして保管してあります。

30年以上先のことかもしれませんし、不慮の事故で明日使うことになるかもしれないからです。

認知症が進んで特別養護老人ホーム暮らしの両親についても、きっちり準備しています。父親は畑で青菜を摘んでいる時の笑顔の写真。母親は自宅玄関前でくつろいでいる写真です。どちらも僕がスマホで撮ったものです。

カメラマンに多少の修正をほどこしてもらって、データをCDに保管しています。

さらに、ふたりの子ども時代から結婚、幼かった僕と一緒の家族写真、老境に入った姿など「在りし日の姿」もそれぞれ10枚程度整えてあります。お葬式に飾るための物ですね。

どんな音楽も葬送曲になる

旅立ちの際に故人が好きだった音楽が必要でしょうか？

僕はそんな曲があればぜひとも流してあげたいと思うのですよ。

「故人には聞こえないだろう？」

その通りです。でも僕が**音楽を重視するのは、お別れの場に居合わせた家族や会葬者の心が震えるから**です。

言うまでもなく、お葬式は「お別れの場」ですから、楽しいはずがありません。でも、故人にとって「人生の最後の舞台」です。きちんとした見送りに欠かせないもののひとつに音楽があると思います。

「儀式には『感動』が必要です。それが『よい見送りができた』という満足感や納得につながるのですから」

親しい終活・葬祭カウンセラーの女性がそんなふうに言います。

「故人が好きだったさまざまなジャンルの音楽を、式で流します。ピアノやバイオリンなどの生演奏は、会葬者の心を癒してくれます。時にはご家族や友人知人が唄いながら送ってあげることも。感動的な光景です」

ある男性は生前ビートルズが大好きでした。式では、代表曲「Hey Jude（ヘイジュード）」を友人数人が合唱しました。別れを惜しむ言葉以上の力があったことでしょう、家族はとても喜んでいたそうです。

50代の女性のお葬式では、ご夫妻ともに好きだった松任谷由実（ユーミン）の曲を流しました。

「おふたりの結婚式もユーミンの曲でお祝いされたそうです。『だから最後の場面でも』というご希望でした。ＣＤと生演奏を織り交ぜながら、お好きだった音楽で早過ぎるお別れを惜しみました」

高齢の女性から「私の時は、集まってくれたみんなで童謡の『故郷（ふるさと）』を唄ってもらってね」という依頼を受けてもいるそうです。

僕も以前、80代男性のお葬式で喪主であるご長男から「父が愛唱していた三波春夫の

『チャンチキおけさ』を流してほしい」と頼まれたことがあります。「月が〜　わびしい〜」の、年配の方にはおなじみの曲ですが、そのまま使うには、やや違和感があるのではないかと迷いました。そこで知り合いのピアニストにこの曲をかなりスローテンポな葬送曲風にアレンジしてもらって流したことがありました。

三波春夫が大好きで、宴会のたびに自前のステージ衣裳を着込んでマイクを握った陽気なおじいちゃん。

それまでは淡々と喪主の役割をこなしていたご長男が、この演奏の時だけ、下を向いたまま顔をハンカチで覆って、あふれる涙をぬぐっていました。

「あの曲が流れたとたん、元気だった頃のおやじの笑顔が浮かんできて、涙があふれてくるのを止められませんでした。一番好きだった曲を葬送曲にしてくれるなんて……。ありがとうございました」

そう口にした時の満足感いっぱいの笑顔が印象的でした。

40代で他界した女性のお葬式では、ゆりの花が大好きだった故人のために、会場に置ききれないほどの生花が並びました。式の中で、20代のご長女が旅立つ母に、ピアノ演奏を捧げました。サザンオールスターズが大好きだった母のために、ヒット曲を数曲、奏でたのです。長期入院の末の他界でしたから、心の準備ができていたこともあったのでしょう。「弾けますか？」の問いかけに「大丈夫です。弾かせてください」となったのでした。

三波春夫の歌もそうですが、サザンもお葬式という場を考えると、年配の方は首をひねるかもしれません。

でも、いいじゃないですか。最愛の娘が、母親の大好きな曲を捧げるのですから。故人もどれほど喜ぶでしょう。

曲の途中、何度か演奏が途切れました。目を閉じて聞き入っていた人が祭壇横のピアノのほうに視線を移すと、ご長女がハンカチで涙を拭いているではないですか。そして再び演奏を始める。また途切れる……、この繰り返し。その場にいた人全員が、悲しみではなく、大きな感動に包まれた数分間でした。

「ありがとう。こんなにしてくれて。本当にうれしいです」

喪主であるご主人が葬儀社スタッフに握手を求める際に口にした言葉です。顔は涙でグチャグチャなのに、笑顔です。「ありがとうございました」という感謝は、ごく普通に寄せられますが、「うれしい」という言葉をお葬式直後に喪主が口にすることは、めったにありません。

「あなたやお嬢さんたちの奥様を、お母様を思う気持ちが、私たちを動かし、会葬者をはじめとした多くの人たちを動かしたんです。素晴らしい送りの場になりましたね」

僕も笑顔で、手を握り返しました。

お葬式が「人生のしめくくりの場」であるならば、やはり「音楽」「感動」「笑顔」が大切なことが、高齢で亡くなった方ばかりでなく、若くして亡くなった方についてもあてはまることをよく示しています。

クラシックファンの80代男性のお葬式では、ご長女から「父が大好きだったヨハン・シュトラウスの『ラデツキー行進曲』を流して」とCDを渡されました。

クラシックの名曲です。ウィーン・フィルハーモニー管弦楽団がニューイヤーコンサートで必ず演奏し観客全員が手拍子で盛り上がる光景が印象的ですね。華やかな雰囲気の曲ですが、式で音量を控えめにして流してみると、実に荘厳なイメージになったのです。

「そこに眠っている父は、ウィーンの劇場にいる夢でも見ているかもしれませんね」と満足顔のご長女。

若くして病に倒れた小児科医のお葬式では、家族からの「平服で」の要望に、「先生のおかげで元気にスポーツを続けています」という小中学生たちが野球やサッカーのユニホーム姿で参列しました。

式では大人も加わって、フォークの、と言うより教科書にも載った国民的愛唱歌とも言える赤い鳥の「翼をください」を大合唱しました。「もっともっと医療という大空を飛びたかった先生に翼を届けたかった」というみんなの気持ちを込めて。

つまり、ここで言いたいのは「クラシック、ロック、フォーク、歌謡曲、演歌、童謡……、**いかなる音楽でも、故人が愛したものならば葬送曲として成立するし、感動を呼び起こす**」ということです。

お別れの場に笑顔は必要か

式で流す音楽の話で、家族や会葬者の「笑顔」の話をしました。
お葬式に笑顔は必要か否かについてどう考えますか？

不謹慎な話をしようというわけではありません。人生を「やりきった」と思えるほど燃焼させた方であれば、暗い顔より笑顔が似合うものです。

人は悲しければ表情が険しいものになります。故人に別れを告げるお葬式だから、常に悲しげにうつむき続けなければならないのでしょうか。家族、会葬者、葬儀社のスタッフは、式典の中で笑顔を浮かべてはいけないのでしょうか。

各地の古刹で僕たちを迎えてくれる仏像の表情を思い起こしてください。いずれも、穏やかな笑みを浮かべていることが分かります。人の心にしみいる顔つきの条件はいかなるものであるかを、諭してくれているようです。

お葬式の場でも、感動とか笑顔といった要素がなくて、なんのための「人生の締めくくりの場」なのでしょうか。なんのための「卒業式」なのでしょうか。

文芸活動にも熱心だった女性経営者のお葬式を取り仕切ったことがあります。僕は式の冒頭で「故人は生前『90年余りの人生を完全燃焼できた。あたしの葬式ではみんな笑顔で送っておくれ』が口癖でした。皆さん、ご焼香の際には遺影を笑顔で見つめてください。あっぱれな人生だったと心の中で拍手を贈ってください」と語りかけました。

でも、内心ヒヤヒヤしていたのです。

「心の中で拍手を、なんて言ったけど、本当に拍手されたら、家族やお坊さんから怒られるかもなあ」

まさか、現実になるはずもないと考えながらも。

ところが、心配？は現実のものに。

告別式冒頭の弔辞の際のこと。別れの言葉を読み終えた文芸のお弟子さんである男性が「場違いかもしれませんが、先生に拍手を贈らせてください」と笑顔で拍手を。それにつられて多くの皆さんも次々に。笑顔の人、涙顔の人、式場が一気ににぎやかになりました。

葬儀ホールではありえない光景かもしれません。

でも、人生という劇場を前向きに走り切った故人には「最高のはなむけ」となったことは間違いありません。

最初に拍手してくれた男性、勇気がいったことでしょう。

でも、そのおかげで、会葬者全員が別れの悲しみの中にも「感動」を手にしながら見送ることができたのです。ありがとうございました。

会社員人生を卒業した後、夫婦で捨て犬や捨て猫の里親探し活動に情熱を傾けた80代の男性が亡くなりました。

同年輩の奥様から突然電話がありました。

「夫が入院していて、お医者さんからは長くはもたないと言われました」

遠くに住むご長女も駆けつけてきているそうです。

「動物愛護活動は私の希望だったんです。協力してくれた夫に感謝の気持ちを示すために、その日がきたら、みんなで夫の話をしながら笑顔で送ってあげたいんです」

そのために、亡くなったら自宅で家族だけで密葬。ひと月後に縁のあった人たちに市内のホテルに集まってもらい、食事しながらお別れの会を開きたいという希望でした。分かりやすい希望ですね。そこで僕は、親しい葬儀社に連絡を取り、「自宅での密葬と、ひと月後のホテルでのお別れの会」の式典施行を依頼しました。シナリオは僕のほうでつくるから、実務をお願いしたのです。

実際に、電話をもらった日の夜遅く、ご主人は息を引き取りました。

そこで葬儀社スタッフとともに病院に向かい、ご主人のご遺体を自宅に連れ帰りました。

翌日、居間に簡素な祭壇を設けてもらい、家族だけ10人程度で通夜。その翌日に密葬を営み、火葬しました。

密葬と言うと、その後に「本葬」が営まれるべきですが、この場合はこの身内だけの密葬が「本葬」という正式な葬儀です。後日のお別れの会が「告別式」ということです。

それから、ひと月ほど後のお別れの会に向けてホテルを予約。集まってほしい人への案内状、故人や家族の思い出の写真をたくさん盛り込んだカラー印刷の会葬礼状、そして当日の式次第や司会者のナレーションの作成などを引き受け、奥様やご長女と語り合いながら準備を進めました。

数々の思い出を口にするふたり。当初の涙交じりの語り口は、次第に楽しそうな顔つきへと変わっていきました。「最愛の夫」「大好きだった父」との別れを納得し、受け入れつつあることがよく分かりました。

そして、お別れの会当日に。

通常はブライダルパーティーに使うホテルの会場には、葬儀社による簡素ながらも粋な生花祭壇が設けられました。小ぶりなステージのようです。

ちょうど晩秋でした。自宅の庭にある富有柿が鈴なりでした。故人が愛して手入れしていた柿の木だったとのこと。それを聞いた僕は、実をつけた枝を3本ほど切らせてもらい、大きな花器に入れて祭壇の脇に置きました。祭壇を組んでくれた葬儀社スタッフの美意識のじゃまにならない程度に。

奥様やご長女は「おとうさんの大好きな柿の木だ」と喜んでくれました。

会では、できるだけ多くの方のスピーチを盛り込みました。学生時代の友人や会社員時代の同僚、動物愛護活動の仲間たち、ご近所の方々……。10人は超えたでしょうか。そのひと言ひと言に、奥様やご長女は涙を流しながらも笑顔を絶やしませんでした。

夫は、父は、こんなにも皆さんに愛されていたのか。

そんな思いに包まれていたと、最後の挨拶の場で語っていました。

やはり、人生を走りきった人のお葬式に最も似合うのは、笑顔だなと痛感する瞬間でした。

祭壇に飾った柿の枝は、僕が自宅に持ち帰らせてもらいました。

不思議なことに、年末になっても実が落ちませんでした。普通なら熟し過ぎて落ちてしまうのに。

僕は奥様をお茶に誘いました。まだ枝についていた実を笑顔で眺めていた彼女は言いました。

「私や娘の見送り方に、夫がありがとうと言おうとして、その気持ちを柿の実に託しているのかもしれませんね」

僕は、しばし返す言葉が見つかりませんでした。


友人のひとりに、あるテレビ局の契約カメラマンがいました。自由奔放な性格で、みんなに愛されていました。そんな彼が40代なのにがんに冒されて他界しました。

社会人になってからは、ほとんど顔を合わせることがなかったという彼のご両親が、ごくごく普通のお葬式を営みました。

式後の食事の席には、家族親族のほかに、僕たち親しかった友人や仕事仲間が20人ほど加わりました。

「お清めの席とはいえ、みんなで黙って食事をするだけでは故人が納得しないだろう。陽気な人だったから、『しめっぽい顔をするんじゃないよ』なんて怒り出すかもしれない」

そう思い込んだ僕たちは、ご両親の了解をもらって、その20人が順番に故人の思い出を短く語ることとしました。

仕事のこと、私生活のこと、いろんなエピソードが次々に。独身だった故人のことが以前から好きだったという女性が涙まじりに思い出を語ることも。

最初のスピーチが、あまりにユーモアたっぷりだったので、話し終わった際に僕は拍手を贈りました。

「こういう席で不謹慎かもしれませんが、拍手をさせてください。故人が喜ぶと思います」

友人をはじめ、家族親族も拍手を始めました。それからは、話が終わるたびに大きな拍手が。お清めの席に似合わない盛り上がりとなりました。

「ちょっとまずかったかなあ、拍手は……」

帰り際に反省していた僕のもとに、ご両親が駆け寄ってきました。

「申し訳ありません。出過ぎたまねをして」

「いえいえ。お礼を言いたいんです。ありがとうございました」

「……」

「社会人になってからの息子とは、ほとんど話をすることもなかったんです。だから、いったいどんな生き方をしているのか、見当もつきませんでした。でも、今日初めて分かりました。息子が皆さんに囲まれて楽しい人生を送っていたことが。皆さんのスピーチを聴けないままだったら、拍手がないままだったら、息子の本当の姿を見ることができなかった。ありがとうございました」

涙を流しながら、でも満面の笑みで僕らの手を握ってくれました。

若くして旅立ってしまった人のお葬式でも、こんなにも笑顔が似合う。故人へのはなむけになる。僕は新たな発見のような気分にひたりました。

弔辞のないお葬式でよいのか

会葬者が故人への思いの深さを語るのが「弔辞」です。これが軽んじられていると思いませんか。

ある中堅会社の営業本部長が50代の若さで病に倒れました。その通夜の帰り道のことです。その会社の社長が、家族から弔辞を頼まれていないと口にするではないですか。

「まずいですよ。社長のあなたが頼まれていないとすると、誰も弔辞を読まないんじゃないですか。長年会社に尽くしてくれた功労者に対して、そんな別れ方をしていいんですか?」

「よくはないだろうが、家族から頼まれてもいないのに、しゃしゃり出るわけにもいくまいし……。私としても、弔辞が必要だとは思うが」

「いや、しゃしゃり出るべきでしょう。おそらく葬儀社の担当者が家族から『弔辞ですか……、特に読む人はいませんねえ』と言われて、『そうですか』なんて聞いているんでしょう。それではいけないですよ。あんなに仕事一筋に走り回った末の、『さあこれから、流した汗の成果の収穫期だ』という時に無念の死を遂げた人とのお別れの場が、そんなことでは……」

「分かった。今夜用意しておいて、明日の朝、家族にさりげなく『誰か弔辞を読むことにしていますか。さしつかえがなければ私が……』と聞いてみよう」

結局、弔辞はこの社長ひとりでした。仕事に情熱を注いだ故人の人生が、多くの人に愛されたその人柄が、会葬者にストレートに伝わる素晴らしい惜別の辞でした。喪主である奥様も、子どもさんたちも、この場面ではハンカチを目に当てたまま、顔を上げられませんでした。でも、考えたらゾッとします。僕らが「しゃしゃり出なければ」、お別れの言葉がひとつもなかったのですから。

やるせない気持ちに包まれることがあります。年配の方のお葬式でよく見られる光景です。

葬儀から告別式へと進み、弔辞の場面になってきました。

「在りし日の故人を偲び、弔辞をたまわります」

司会者の声が響きます。

「どなたか弔辞をご用意の方、祭壇前へとお進みください」

しかし、そのアナウンスに応じて、前に進む人はいません。しばしの沈黙があって、

「では、各方面から故人の死を悼み弔電をいただいております。拝読させていただきます……」

弔電披露に移ってしまうのです。こんなお葬式が、結構多いものです。

おかしいですよね。長い人生の荒波をくぐってきたのですよ、どなたにしても。**その最後のお別れに、言葉をかけてくれる人がいないはずがない**のです。

かなりの高齢で、親しかった友人が皆他界してしまったか、その場に立ち会えないとい

うケースもあるでしょう。それなら、家族や親戚の中のひとりでもよいではないですか。

「どなたか、弔辞を……」

そう促されて誰もいない。投げかける言葉を持つ人がいない。これでは、故人がかわいそう過ぎるではないですか。その人生が軽んじられているような感じがしませんか？

もちろん、葬儀社側と家族でこんなやりとりがあったことでしょう。

「弔辞をお読みになる方は？」

「いいえ、とりたてていません。いいですよ、弔辞なしで進めてもらって」

「そうですか、ではそのように」

冗談言っちゃいけません。家族は混乱していますから、「弔辞は？」と言われてすぐに思い浮かばないから、

「いいですよ。誰もいませんから」

と答えただけなのです。その返事を真に受けて、

「はい、そうですか」

としてしまう、そんな配慮のなさが悲しいのです。故人の最後の場です。高齢であるならば、あったなりの「はなむけの言葉」でよいではないですか。どなたかに贈ってくれる

よう、動転して気がつかない家族に強く勧めるべきです。

どうしても弔辞抜きなら、

「どなたか弔辞ご用意の方は、お進みください」

といったアナウンスなどないほうがすっきりします。

「予告なしに会葬者のどなたかが弔辞を用意してきているかもしれない。そんな時に困るし、その人から文句がくる」

葬儀社の人から、そう反論されました。だから、そうならないように、家族に対して強く勧めるべきなのです。

人生の締めくくりなのです。お坊さんの読経も、立派な祭壇も、多くの人の焼香も大切ですが、**胸を打つ別れの言葉は、それ以上に不可欠なものに間違いありません。**

お葬式には「昔から弔辞がつきものだから」という決めつけ論で言っているのではないのです。「故人との別れの場に、贈る言葉のひとつもないなんて、悲しいと思いませんか」ということを、誰もが考えてほしいから言うのです。毛筆で書いた本格的な弔辞を用意する必要などありません。**ご友人、あるいはご家族が「さようなら」のひと言を捧げるだけ**

でもよいではないですか。

80代の「りんさく」さんという男性のお葬式で、「故人は高齢で病気がち。友達づき合いもなかったので」と弔辞なしということに。でも、式の最後、出棺の際に、故人のお姉さんだという女性が棺にすがりつくようにしながら、大きな声で叫びました。

「り〜ん〜さ〜く〜」

式場内に響き渡った、血を吐くような叫びでした。このひと言は、どんなに長い弔文にも負けない力がありました。居合わせた皆さんの心を打ちました。これも、まぎれもなく「弔辞」なのです。

最近のお葬式でのことです。故人は長患いで高齢の女性でした。弔辞の代わりに幼い孫たちが祭壇前に並んで「おばあちゃん、さようなら」のひと言を捧げました。

ある高齢の男性のお葬式では、闘病中の故人が病室で口ずさんでいた童謡を、孫娘が遺影に向かって歌った姿が感動を呼びました。どちらも素晴らしい「弔辞」でした。**弔辞は形式ではありません。**

もちろん、超現実的な言い方をすれば、いかに素晴らしい弔辞を語っても、故人が聞いてくれるものではないでしょう。それでも「思いは届く」と思いませんか。同時に、別れの言葉を捧げることで、語る人自身や、聞いている参列者の心が癒されます。その意味で弔辞は故人に捧げるものですが、式場内の全員に語りかける言葉でもあります。ですから、弔辞のないお葬式など考えられないのです。

難しい文章など必要ありません。友人による心のこもった「さようなら」のひと言だけで、人の心は震えます。幼いお孫さんがおじいちゃんやおばあちゃんに「ありがとう」と呼びかけるだけで、感動を呼ぶのです。

省略や簡素化ばかりが目立つ昨今ですが、故人に贈る言葉だけは省略すべきものではないのは、こんな理由からです。

親族の挨拶も同様です。葬儀社には「ひな型」が用意されています。大勢の方々の前で挨拶する経験のない人がほとんどかもしれませんから、ひな型を読み上げること自体は失礼ではありません。でも、できる限り故人の生涯や人柄を加えるべきではないでしょうか。

先日、こんなお葬式がありました。やはり弔辞がありませんでした。

その代わりに、60代前半で亡くなった息子のために80代の父親が親族挨拶で、その生きざまについての思いを、20分ほど語りました。

それは20代で海外を放浪したことから始まる故人の人生劇場をまとめたものでした。家族の挨拶にしてはかなり長めのものだったかもしれません。でも、精いっぱい、自分らしく生きた息子を「誇りに思う」というはなむけの言葉です。会葬者の心に深く刻まれたことは言うまでもありません。

お葬式はなぜ必要なのか

3

生老病死を見つめる

家族や友人の死は、永遠の別れを意味するのですから、その最後の別れを告げる場であるお葬式に対して「悲しい」とか「縁起が悪い」という気持ちが優先するのは当然です。

でも、人間は不老不死ではありません。誰にも平等に、しかも確実にやってくるのが「死」なのです。

ですから、何十年、人によっては百年を超える人生を歩んできた人のお葬式は、**「悲しいお別れの場」**であると同時に、その人生の**「最後の節目」「締めくくりの場」**にほかなりません。縁起の悪い場ではなく、**「栄えある卒業式」**としての意味もあります。

また、病気や事故などにより年若くしてそんな場を迎えざるをえなかった人にとっても、ひたすら「悲しい」だけで済ますのがよいことでしょうか？　そんなことはありません。

それでは、故人の人生が無駄になりかねません。その人生を振り返り、人柄を、足跡を偲ぶ。そうやって送り出していく。短くても長くても「人生というドラマ」の集大成の場になってこそ、一人ひとりの生涯が輝きを増すというものではないでしょうか。

人生にはいくつかの節目があります。人によってさまざまですが、この世に生を受けて以降、「歩き始める」「学校に行く」「社会に出る」「結婚する」「親になる」「仕事からリタイアする」……。そして、万人に平等にやってくる最後の節目が「人生の終止符」です。「人は生まれた瞬間から、『死』に向かって歩み続ける」

そんな言葉を持ち出すまでもないことです。最後の節目を「縁起が悪い」とか「穢れ」であるかのように考えることが、僕たちにとって幸せなことなのでしょうか。

別れの悲しさ、寂しさは当然のものとして受け止めつつ、もう一方では、精いっぱい生きてきたその人の生涯を、その努力に見合う内容で締めくくってあげる。それがお葬式であるというふうに考えるべきです。

四苦八苦の「**四苦**」とは「**生**《しょう》**・老・病・死**」の四つへの「苦」だと言われます。でも、この場合の「苦」は「苦しみ」ではありません。「生きること」も「老いること」も「病むこと」も、さらに「死ぬこと」も苦しいことではあるでしょう。でも「四苦」の「苦」は「ままならぬこと」という意味のようです。「生老病死」を思いのままにコントロールできるのは、仙人のような存在だけでしょう。神様仏様かもしれません。でも、そんな

「思い通りにならない」人生を歩む苦労を背負い込むことこそ、「生きる」価値を実感できるものでしょう。

ですから、「死」とか「お葬式」を忌み嫌っていても始まりません。むしろ必ず訪れる「死」や「お葬式」をきちんと前向きに見据えるからこそ、「生」が高まっていくものだという主張は、宗教者の専売特許ではないと思います。僕たち一人ひとりが身につけるべき大切な人生哲学にほかならないのです。

お葬式の意義って

さてさて、お葬式にはいかなる意義があるのでしょうか。「今さらながら」ではあるものの、改めて考えてみましょう。

柱となるのは、次の3点でしょう。

1、**物理的意義**（故人の火葬や、遺骨の墓地への埋葬）

2、**社会的意義**（親族・友人知人・仕事関係などに故人の死を知らせること）

3、**精神的意義**（家族・友人などが受けた心の傷をケアすること）

ですから、「お葬式不要論」も「1」の観点だけならばさほどの問題はありません。火葬場で火葬して墓地に埋葬すればよいわけです。これは役所に死亡診断書を提出して火葬許可証や埋葬許可証をもらえばできるのですから。墓地に納骨するだけではなく、海などへの散骨や、森林の中への樹木葬だって珍しくはありません。

ただ、人は多くの人と関係し合って、支え合って生きているのですから、そういった人たちに知らせることは、最低限の務めでしょう。これが「2、社会的意義」です。

そして「3、精神的意義」です。

人の感情はそうそうドライにはいきません。

家族とか親しい友人を失った際の「**心の傷**」から体調を崩してしまうことさえあります。これが「**グリーフ**（Grief）」と言われるものです。グリーフは簡単に癒せるものではありません。だからこそ、傷ついた人に寄り添い、支え、時に助けることが欠かせません。この過程が「**グリーフケア**（Grief care）」と表現されています。この言葉自体は、かなり定着したものになっていますよね。

このように「2」と「3」の意義があるからこそ、お葬式が必要になってくるわけです。

伝統的な宗教にもとづくお葬式が必要か否か、判断が容易ではない時代になってきたことは確かです。明確な信仰心を養う環境にない僕たちの社会において、「無宗教葬」といった言葉に違和感がなくなっていることに、きちんとした反論ができるかというと、なかなか難しい面があります。

とはいえ、お葬式が不要であると決めつけることは、明らかに間違っています。ただ、現状のお葬式に対してさまざまな疑問や不都合な点があることは明らかで、それらをきちんと改善することが、大きな前提条件ですが。

生前にこう言い残した60代の男性がいました。

「いざという時には、一番気に入っていたジーパンとジージャンを着せて棺に入れてくれ」

家族はその通りにしました。病院から無言の帰宅を果たす際に、着替えさせたのです。自らの旅立ちの服装について言い残すくらいですから、希望の服は病室にそろえてありました。当然、納棺の際もその服装です。

近所の長老格からひと声ありました。

「死出の旅路なんだから、経かたびら・手甲・脚絆に決まっている。ふざけた装束をさせては閻魔様に怒られる」

お葬式を出す経験を積むことは、普通の人の場合なかなかありません。

ですから、葬儀社スタッフはもちろん、地域や親戚の長老格で、お葬式について詳しい人がいた場合には、細かな手順についてアドバイスをもらうことになります。

それはそれで、スムーズに進みますが、問題がないわけでもありません。

「お葬式とはかくあるべし」

といった具合に、その長老が長年接してきたお葬式の風習に真面目過ぎるほどのこだわりを見せることがあるからです。

日本のお葬式がまったく同じ内容・手順であれば、それでもよいかもしれませんが、全国各地で地域ごとにお葬式の手順や葬送文化は異なります。同じ地域でも、わずか20軒程度の町内会ごとに細かな作法が違うことだって、そう珍しくはありません。

旅立ちの装束から納棺、出棺、通夜や葬儀・告別式……。それぞれの場面において、詳しい人であればあるほどこう言います。

「お葬式は昔から、こんなふうにやることに決まっている」

でも、それは「その人が、これまでの人生の中で経験したお葬式」とか「その地域で長年伝統的に行なわれているスタイル」といった**きわめて限定された「常識」でしかない**のです。

ある地域で、納棺の際に故人の腰に荒縄を締める風習が残っています。葬儀社側がそのようにすると、家族から「縄で縛るなんて、なんだかかわいそう」の声が。家族の気持ちを考えて、縄を解くと、うるさ型は黙ってはいません。「昔からそういう決まりなんだから」というわけです。

お葬式会場で流す音楽だって、気になる人は気になります。

70代の男性のお葬式で、故人とその奥様がこの10年ほど社交ダンスに熱中していたため、その音楽を流したことがあります。

「このCDには、思い出のダンス音楽が入っています。式の前後にはこれを流してください」

奥様は、夫との暮らしを振り返るように言いました。音楽自体は、かなりアップテンポの陽気な雰囲気でしたから、一般的な葬儀場での音楽とはやや趣が異なるものでした。

予想通り、受付の手伝いをしていた町内会のお歴々が葬儀社の式典担当に詰め寄ります。

「なんだね、このうるさい音楽は。これからお葬式が始まるっていうのに」

「そう申されましても、ご家族のご希望でして」

「なんだって？　こんな音楽を希望するわけがないじゃないか。すぐに音楽を変えてくれ」

これも、事情を説明して、なんとか引き下がってもらいましたが、必ずしも納得したようでもなさそうでした。

ジーパンにジージャンという旅立ちの装束しかり、ダンス音楽しかりです。

「自分たちが今まで見てきたお葬式と違うではないか」

そういう考え方と、故人や家族が本当に心癒される送り方との間には、少なからずギャップがあります。いかなるお葬式においても。

さまざまなしきたりは、宗教にのっとったものもありますし、単なる習慣でしかないこともあります。「長年そういう形でやってきた」と言ってみたところで、弔いの長い歴史から見たら、一時の流行に過ぎないものも少なからずあります。

それよりは、**当の故人や家族にとってよりよい形を優先させる**ことです。

どこの世界にも伝統に固執する人と現実派との対立があります。お葬式の場では、前者のほうに押しの強い人が多いことから、家族側が悩んでしまうことが往々にしてあります。葬儀社スタッフなどは、その間に立ちながらも、故人の希望や家族の心の傷の癒しを優先させるべく、ことを運ぶべきなのです。

故人の計算通りのグリーフケア

家族や友人が故人の死を受け入れる、納得する。そんなグリーフケアを最優先させる。そのために、故人が生前に「家族だけのお葬式に」と言い残したことがありました。もちろん僕が故人の意思を確かめたわけではありません。でも、そう思わずにはいられないケースだったのです。

亡くなったのはデザイン会社を経営していた60代後半の男性でした。

「会社経営は50代のうちにリタイアしたい。あとは好きな釣り三昧の暮らしをするんだ」

男性はそんな人生観通り、50代の終わりには経営していた会社を第三者に譲渡し、自身は沖縄の石垣島に小さな家を買って、1年のうち半分近くをそこで暮らしました。毎日海に出ては釣りに熱中する日々。それは彼の一番の夢だったのでした。時折、高校時代の後輩だった僕のもとにも釣ったばかりの大きな魚が届きました。

うらやましい限りの人生だな。僕たちはそう思い込んでいました。

そんな彼でしたが、数年後に重篤な病が発覚しました。**医師から「余命半年」という宣告**も受けました。

考えたのは、残される妻や息子のことだったようです。入院先の病院を時に外出して妻の今後の生活のことを考え、結婚したばかりの息子の住宅購入のために自ら物件回りをして決定しました。

その末に奥様に「お葬式は君と息子だけで営んでくれ」と語ったとのこと。

さらに、その日がくるまで「病気のことは、一切口外しないでくれ」との口止めも。

「お葬式から一週間後に、ここに書いている7人に知らせてくれ」

そんなふうに奥様にメモを渡したのだそうです。

そのメモに、僕の名前があったのでした。

彼が他界し、家族葬を営んだ一週間後、奥様から訃報が届きました。ことの顚末を聞きました。普段から飄々としていた人でしたから、そこまで考えていたとは意外でした。

「入院のことは誰にも言うなと言われていたので」

「そうですか。おしゃれなあの人のことだから、やつれた姿など見られたくなかったのでしょうね。去年の夏ですよ、一緒に飲んだのは。その時は元気そのものだったのに。残念です」

彼と僕とは高校ラグビー部の先輩後輩でした。

僕は彼の同期だったラグビー部員のひとりに連絡しました。たまたま彼が中学時代に親しかったひとりの同級生が僕の飲み仲間でした。その人にも連絡しました。

メモに書いてあった7人は、それぞれ違った分野の友人でした。中学高校大学時代の友人、仕事関係、釣り仲間……。7人は彼の死を心から悲しみ、悼む人だけに情報を伝えていく連絡役を果たす結果になりました。

そして、中学の同級生で親しかった人たち、高校ラグビー部の同期生、仕事関係者グループなどが日を決めて彼の自宅を弔問しました。そこには普通のお葬式にあるような「お義理の弔問」などありませんでした。

友人たちが奥様と彼の思い出話を続けました。奥様にとっては初めて聞く楽しい話ばかりでした。夫の新たな顔の発見の連続。そんな日々が続きました。

それは、**奥様たち家族の心の傷が癒えてゆくために絶大な力を発揮するプロセス**でした。これから70代、80代と、多忙から解放された夫とふたりでどんな暮らしをしていこうか。そんな希望を打ち砕かれた奥様にとっては、なによりの慰め、そして励みになったことでしょう。**なんとも力強いグリーフケア**になったのです

死の床にあった彼は冷静に考えたのでしょう。「7人だけに連絡を」と指示し、僕をはじめ7人は彼の思い描いた通りに動いたのでした。

病床でやつれた彼と顔を合わせても、僕らはまともな話ができなかったでしょう。うわべだけのお見舞い言葉を告げて退散したことでしょう。つらいお見舞いの記憶しか残らなかったでしょう。

「だったら、きてもらわないほうがいい」

彼は、あくまで冷静に自身の人生の最終章を見つめ、家族や友人のグリーフケアを最優

先した「自身の人生の卒業式」のプランを立てて、それを見事に実践したのだと、僕は今でも思っています。

「新生活運動」を復権させたい

「ちょっとお待ちください。あなたはご香典を1万円包んでくださっているじゃないですか。『新生活』の受付でいいんですか?」

「故人とはおつき合いがありましたから。でも、なるべくご家族にご負担をかけたくはないので、返礼品なしの『新生活』扱いにしてもらおうと思って」

「それは困ります。きちんと香典を包んでもらったんだから、引き物も持って帰ってもらわないと」

「新生活」といったって、大学生や社会人、新婚カップルが新しい暮らしを始める時の言葉じゃありません。

昭和30年代に全国で広がった**「新生活運動」**というものがあります。**冠婚葬祭の虚礼廃**

止の理念から始まったもので、制度としてはさまざまな地域で存在しています。**群馬県のほぼ全県や栃木県・埼玉県の一部地域では定着**しています。

お葬式の場合は香典を1000円包み、その代わりに会葬返礼品もないか、ごく簡単な会葬礼状などにする。でも、時代とともに1000円というわけにもいかず、2000円から3000円あたりが相場となっています。だから会場の受付には「親族」「会社関係」「一般」などという札とともに「新生活」の札が立つことになります。

「あの故人や家族とは親しいから新生活というわけにはいかない。普通に香典を包まなくては」

「この故人とは面識がなく、息子さんを知っているだけだから新生活でいいな」

こんな考え方ですね。

冒頭のやりとりですが、受付の人が新生活運動の趣旨を勘違いしています。運動は「香典の額を少なくしよう」ということではなく、「家族はお葬式にお金がかかるから大変だ。返礼品などをもらえば、その分金銭的負担が増える。それをなくしたい」という心なのですね。

香典に限らず、さまざまなお見舞いやお祝いなどでもありますね、「半返し」という考え方。そうりゃあ、円滑な人間関係のためには、恩義を受けた時の「お返し」は欠かせません。

でも、よく考えてみると、おかしいと思いませんか。お葬式で香典を包む側からすれば、「半返し」なんて期待するものではないでしょう。1万円の香典に託す気持ちは「4000～5000円は返礼品として返ってくるから、実質的な香典は5000～6000円だな」ではないはずです。1万円分の弔意を込めているでしょう。それが、大きな袋に入った返礼品を渡されたり、地域によっては後日送られてきたり。

「家族に対する自分の『貢献』は香典額の半分でしかないのか。それだったら、返礼品なしにしてもらって5000円包んで済むようにしてもらったほうが助かるなあ」

給料の右肩下がりの今日では、冗談ではなくそんな思いに駆られます。

香典の「半返し」という意識がある限り、手向けた香典の半額近くが返礼品のための支出となります。つまり葬儀社なりギフト会社の売上に貢献するだけ。

葬儀社やギフト会社には申し訳ありませんが、「家族のために」香典を包んだ者としては、割り切れなさを感じます。しかも、その返礼品が多くの場合、日本茶・のり・梅干のたぐい。最近はお葬式の返礼品でも、膨大な商品を収録したギフトカタログ本が使われることも増えましたが、これとて、どうしてもほしい商品などそうそう見当たりません。

特に「返礼品と言えばお茶」ですが、返礼品のお茶でおいしいものに当たったためしがありません。これについては、親しいお茶屋さん自身が「納入価格を抑えられているから、そうそういいお茶は詰められないんです」と正直に口にするほどです。ですから、ほしくもないお茶が家にたまる。「捨てるわけにもいかないから」と仕方なく飲む。でもおいしくない。こうして本来素晴らしくおいしい飲み物である「日本茶の文化」が壊されていきます。

それに、自宅に急須のない人が激増しています。日常生活でお茶をいれないのです。お茶ならペットボトルという時代になってしまいました。だから、お茶っ葉をもらっても困るという人が少なくないのです。梅干やのりも同様ですね。使い勝手が悪いのです。

葬儀社の中には、故人の思い出の品や好物などを返礼品にするよう提案しているケースもあります。これならば、分からなくはありません。でも、「逝去・通夜・葬儀・告別式」というせわしなさの中で、こんな配慮も簡単にはできません。

だから、自分の香典は100％家族にいくようになってほしい。**「香典の半返し」など**

という習慣は、このへんでおしまいにしてもらいたいと思いませんか。

冒頭のやりとりでも、5000円とか1万円の香典であったとしても、それを手向ける人が「新生活扱いで」と申し出れば、それが優先されなければなりません。

「新生活なんて、けちくさいし、家族にも弔問した思いが通じないだろう」

いえいえ、違います。

よ〜く考えてください。「新生活」で5000円を包んで会葬礼状だけもらって帰るのと、普通に1万円包んで、5000円相当の返礼品をもらって帰る場合の違いについてです。いずれの場合も、家族が手にする差し引き額は5000円前後です。だったら、いりもしない返礼品をもらうより、包む額が半分のほうがどれだけ助かることでしょうか。会葬者にとって。

これって、財布の中身が心もとない者のひがみでしょうか？

もちろん、「返礼品辞退」で香典に2万円でも3万円でも包んだってよいのです。懐に余裕のある人ならばね。

いずれにしても、この**「虚礼廃止を目指した新生活運動」、もう一回全国で復権させたい**と、僕は願ってやまないのです。

祭壇費はどうして高い

葬儀ホールの白木祭壇は、荘厳な雰囲気をかもし出します。灯りがともり、花も彩られて。その真ん中には故人の遺影。祭壇前には読経するお坊さん。葬儀社のチラシにも、見積書にも「**祭壇利用料△△万円**」とあるのも、なるほどと納得しかけてしまいます。

でも、白木祭壇は、お葬式のたびに毎回つくるものでありません。式場内に組み上げたものを、長期間にわたって使うわけです。

ですから、その材料購入費用と組み上げの手間賃など、その祭壇設置にかかった総費用の「減価償却費」として一定額の使用料があるという考え方は当然かもしれません。それにしては、数十万円にもなる使用料がついているケースが多いことには首をひねります。

現実のお葬式の際に、

「**長い期間使いまわす物なのに、ずいぶん高い使用料ではないですか**」

と質問することは大切なことと言えそうです。

これとは対照的に、葬儀のたびに新たなデザインで組み上げる「**生花祭壇**」があります。大政治家とか、有名な文化人のお葬式の様子がテレビで中継される。あるいは新聞に写真が出ることがあります。そんな時、目にしますよね。白菊だけではなくさまざまな生花を駆使して個性的なデザインに組み上げた生花祭壇を。そんな一部の有名人の特別なお葬式だけでなく、一般の僕たちのお葬式でも、生花祭壇を希望するケースがよくあります。

生花にあふれた祭壇。その真ん中に故人の笑顔の写真が。使う花は故人の好きだったもの。白色系の花だけにとどまらず、真っ赤なバラなども好みによってよく使われます。また、思い出の品を祭壇内にも飾ることも。故人が好きだった雪山の写真を拡大して、祭壇の背景に掲げることもあります。ハーブティーに凝っていた故人のために、カフェテラスの一部であるかのような雰囲気をつくり出す。その姿は思い思いのものです。

中には、祭壇というよりも、ちょっとした舞台とかステージであるかのようなおしゃれな形も珍しくありません。中央にピアノがあったり、テーブルとイスが並んだりします。そこで、故人に演奏を捧げたり、故人の日記を朗読したり。お葬式は「人生を締めくくる最後のステージ」なのですから、ステージ然とした祭壇は、むしろよく合うのかもしれません。

白布をかけた小さな机に簡素な生花といったささやかな祭壇から、かなり立派な祭壇まで、その都度創意工夫してつくり上げる生花祭壇ならば、相応の祭壇料を提示しても、誰からも不満は出ません。材料費・デザイン費・組み上げる作業費、そういったものがきちんと計上された上での料金なのですから。

なにより、故人の歩みとか人柄を祭壇に表現しやすい点が最大の魅力のようです。

なんのために弔電を打つのか

「取引先の○○さんが亡くなったってね。お葬式にはいけないから、弔電を打とう。一番安い台紙っていうわけにはいかないなあ。かといって5000円の台紙でなくてもいいか。1500円の押し花台紙でいいかな。そうすれば電報料金の総額は3000円から4000円くらいになるから、ちょっとした香典の額だし」

多くの場合、電文は電話帳やネットに載っている例文の中から適当に選ぶだけですよね。

「だって、自分で考えるより便利じゃないか。電話やネットで申し込んで、電文のコード番号を言えば済むんだから」

これが「弔意を伝えた」ことになるのでしょうか。

「だけど、弔電に数千円使ったからって、もらったほうは喜ぶのかなあ。紙っきれが届くだけだし。これで返礼品なんか送ってくることなんかないよねえ」


お葬式に欠かせないのが弔電です。

必ず「弔電披露」の場面があり、故人と親しかった人、故人や家族と関係のある会社や個人といった人たちから届いた弔電が紹介されます。

誰もが当然のものとして受け止めています。もちろん、遠方であるとか、突然のことで都合がつかずどうにも参列できないといった場合に弔電は役に立ちます。でも、よ〜く考えてください。「家庭に電話もファクスもパソコンもない。ましてや携帯電話やEメールなど想像もできなかった」という時代には、電報が威力を発揮しました。

急なお葬式の連絡をもらったものの、どうしても参列できない人が弔電を打つのは、それしか通信手段がなかったからです。

でも、現在の状況はまったく違います。いかなる会社も、また多くの家庭にも、ファクスやパソコンがあります。みんなスマホを持っています。そこから故人の自宅や葬儀社にファクス送信かEメール送信をすれば済むことでないですか。

現在の弔電が「弔意を伝える」という電報本来の意義から逸脱していることは明白でしょう。「うるし塗り」だの「七宝焼きつき」だの「刺繍つき」だの「名画つき」……。企業として商品開発に励んだ創意工夫にけちをつけるつもりは毛頭ありませんが、「弔意を大至急届ける」という目的とは、かけ離れています。

これならば、丁寧なお悔やみの手紙を書いて、現金3000円ほどをしのばせた不祝儀袋を同封した現金書留でも送ったほうがよいではないですか。

「だって、それじゃあ、お葬式に間に合わない」

そんな声が聞こえてきます。

ではお尋ねします。

「お葬式に間に合うことに、いかなる意義がありますか？」

心からお悔やみを言いたい。お別れの気持ちを伝えたい。その心が切実であればあるほど、急なお葬式に間に合うか合わないかなどにとらわれるべきではありません。

肉親を失った家族へのケアは、お葬式を終えてひと段落してからが本番なのです。なぜなら、お葬式終了までは、忙しくて悲しみを感じている暇さえもないものだからです。

豪華さを競う台紙に貼り付けられた、電話帳の見本通りの内容の弔電が届くことと、後日心のこもったお悔やみの手紙が届くのと、どちらが価値のあるものでしょうか。

答えは明白じゃないですか。

「もらった弔電の披露順序ですか？　ああ、現職閣僚の先生からきているから、これが最初だね。その後に他の国会議員。そして市長、県会議員、市会議員だ。みんな故人とは面識ないはずだけれどもね。まてよ、一部上場企業に勤めている次男の会社の社長からきているから、これが最初かなあ。他の弔電は名前の紹介だけでいいよ」

ということで、最初の数名以外は、名前と肩書きだけが読み上げられます。

「以下、同趣旨の文でございますので、お名前のご紹介にとどめさせていただきます」

そして、最後に、

「この他にもたくさんの弔電をいただいております。お名前につきましては、会葬者の皆様のご焼香の際にご披露申し上げます」

こうして、会葬者の焼香の際、お坊さんの読経と司会者の弔電発信者の読み上げが交錯する中、大勢の人が焼香に進むのです。心静かにお別れを告げるべき場であるにもかかわらずです。

中には式典直後にこんなクレームをつけてくる人がいます。

「昨日夫が弔電を打ちましたが、さっき名前を呼ばれていませんでした。どうしてくれるんです」

なにをか言わんや、ということですね。仮に本当に名前の紹介が漏れていたとしても、クレームをつける筋合いのものではありません。家族の元には弔電が届いているのですから。

名前を披露されたいから打つのか

弔電に関して、強く違和感を覚えるのが、弔電を打ってくれた人の名前を紹介することです。

読経が続く厳かな式典の中、司会者の声が響きます。

「各方面より多数の弔電をいただいております。ここでご披露申し上げます」

ひと呼吸あった後、メッセージが読み上げられます。

「ご尊父様のご逝去の報に接し、謹んで……」

「突然の悲報に、お伝えすべき言葉も見当たりません……」

そして最後に、発信者の会社名・所属・名前で終わります。

ごくごく当たり前の光景ですが、不思議だと思いませんか。なぜなら弔意というのは、故人や家族に示すものであって、第三者である一般の会葬者に示すものではないのですから。

故人が勤めていたり、その家族が勤めていたりする会社のトップからの弔電に、家族がありがたく感謝するのは当然。でも、ほとんどの会葬者にとって、あまり関心のないことです。親しい友人が「遠方のため参列できないから」と送ってくれた弔電だったら、その気持ちに感謝して、家族が後日お礼の手紙を書けばよいだけのことです。

地元の市町村長とか国会議員、県市町村議会議員からも、弔電が届きます。

「こんな大会社の社長さんや役員さんから弔電が届いた」

「国会議員の△△先生からも」

「市長さんからもきた」

こうした人たちからの弔電を喪主側がありがたがる習慣は、まだまだ僕たちの社会に根強いものです。でも残念ながら、心からお悔やみにみえた会葬者は誰も聞いていません。弔電の発信者には正直なところ関心がないのです。なぜなら、故人とその家族のために参列したのですから。

ところが、打つ側は価値観が違います。

「家族や会葬者に、自分の気配りをアピールするもの」

「家族や会葬者という消費者に、自社を印象づける広告」

「家族や会葬者という有権者に、政治家としての自分をアピールする活動」

そんな認識でいる人は大勢います。

そんな電報をもらって、それこそ、

「故人が喜びますか?」

ですから、**もういいかげんにやめたらよいと思うのは、会葬者への弔電披露**です。

弔電が届いたら、粛々と受け取り、保管する。後日丁寧なお礼状を書く。それで十分なのです。

死を悼む心とは

「人数が集まるお葬式会場に、自社や自分の名前を大きく書いた札つきの花を出すなんて、恥ずかしくて仕方がないんです。故人に、家族に、花を手向ける心が汚されるような気がします。だから、お葬式から半月くらいたってから、故人の家に花を贈ることにしています。他の人から届いた花もしおれてくるので、丁度いいかなと思って」

ある女性からこう言われました。

弔電と同様、あたかも「広告」とか「宣伝用看板」であるかのような存在感を示すのが、**式場に飾る生花スタンド**です。

愛する人、親しかった人との最後の別れに花を手向けます。

お葬式と花とのかかわりは「人の歴史の原点に返る」とも言われます。人は、その長い歴史の中で、最愛の人との別れに花を捧げてきました。

「人が花を、草を、木を愛でるのは、その姿が美しいからだけではなく、それらにひそむ偉大な力の存在を、本能的に知っているからにほかならない」

そんな言い方さえあります。

大地に根を張る植物は「自然界の生命力」の象徴でしょう。故人の見送りの際に花を捧げるのは、「かの地で元気に暮らしてもらうための力を吹き込みたい」という願いがなせるわざかもしれません。

だから、お葬式の会場を美しく彩る生花スタンドの存在は、故人のやすらぎにつながるでしょうし、家族や会葬者の心をも癒します。

でもね、よ～く考えてください。その美しい生花の上には、送り主の会社名や団体名と名前を大きく書いた札が掲げられています。

これも、弔電の送り主名の披露という問題と同じです。

名札などつけなくても、誰から贈られた生花スタンドであるか、家族には当然分かります。運び込んできた花屋さんが、注文伝票の控えでも置いていけば済むことですから。名札をつけるということは、一般の会葬者へのアピールでしかありません。

家族側も、大企業の社長とか有名政治家や文化人など、名の知れた人の名札つきの生花スタンドは、誇らしい気持ちがあることでしょう。でも、そういう価値観は、お葬式の本質とはちょっとずれているような気がします。
要は、花を贈る側がいかなる心かということでしょう。

生花スタンドから名札が取り払われたら、どんなにかすっきりすることでしょうか。

考えてみてください。お葬式に参列した際に生花スタンドを眺めても名札しか見ていないことが多くはないですか？　花の美しさに見入ることが少ないのではないですか？

「それでは会場がしまらないのでは。いろいろな会社や団体から贈られた花が会場にあるから、お葬式らしいんじゃないか」

そう考えるあなたは、やはり、これまでの風習に慣らされ、毒されているだけなのですよ。余計な企業や役員の名札があることが、故人への祈りにとってはある種の雑音になっていることに気がつきませんか。

喪中はがきって必要なのか

江戸時代に、蒲生君平・林子平とともに「寛政の三奇人」と言われた「維新の思想に影響を与えた旅の思想家」の高山彦九郎は、最愛の祖母の他界に際して三年間も「もがり屋」にこもり、訪れる人に酒食を提供して故人を偲んだといいます。こういう姿勢は立派ですが、世の中の全員がこれにならうことは難しいものです。そんな心を大切にしようということですね。

僕たちの暮らしの中では、身内に不幸があっても、喪に服すような生活をしていません。お正月になれば、おせち料理をはじめとしたごちそうが並ぶし、お酒もワインもビールも並ぶ。テレビからは正月のにぎやかな特別番組が流れています。

「ところで、初詣はどこに行こうかなあ」

これでは「喪中」もなにもあったものではないですね。

なのに、年賀状の季節になると、急に「喪中気分」になるのです。

「今度の正月は、年賀状を出してはいけないんだよね。喪中はがきにしなければ」

高齢の父親を亡くした夫がこう言うと、妻が聞き返します。

「そうよね。でも、息子のあなたが喪中はがきを出すのは分かるけど、私の年賀状はどうなるのかしら」

「そりゃあ、僕の妻なんだから『義父』になるし、君も喪中はがきじゃないか？」

「でも、お友達から、仕事先の人まで200枚くらい出すけど、あなたのお父さんについて、その200人はほとんど知らないし……」

「喪中につき、新年のご挨拶をご遠慮申し上げます」

年の暮れに、こんなはがきが届きます。当たり前の光景になっていますが、つくづく不思議だなあって思います。

家族が亡くなったら、1年間は喪に服すべし。こういった心構えは大切です。実際に最愛の夫や妻、子どもを失った人たちで、こうしている人もいます。でも、ほとんどは「喪に服す」などという生活はしていませんよね。

「服喪」とはかけ離れた日常なのですから、この喪中はがきという代物は、そんな日常の「言い訳状」なのかもしれません。

でも、こんなはがきをもらった相手に、いらぬ気遣いをさせるのも、いかがなものでしょうか。

「○○さんの家は喪中だってさ。ということは、年賀状を出しちゃあいけないのかな」

「そうねえ。喪中じゃ、『明けましておめでとう』なんて出せないわねえ」

「まてよ、マナー辞典なんかを見ると、こっちが喪中の家に年賀状を出すのはかまわないらしいぞ」

こんな調子。

だったら喪中はがきなんて出さずに、いつも通りの年賀状を出して、その文末に、

「昨年父親が天寿をまっとうしました。皆様におかれましては、今年もお体大切に……」

といったひと言を添えるほうが、よっぽど気が利いていると思いませんか。

喪に服している人は出せばよいのです。喪中はがきを。

でも、**「喪に服して自分自身を厳しく律して」はいない多くの人が「肉親が亡くなった年末のルールだから」と出すのは意味がない**と言っているのです。

僕ですか？

年賀状という私信ですが、ほとんどは仕事上の相手に出す「営業資料」だけに、自分の祖母や妻の親が他界した時も、普通の年賀状を出しましたよ。

今後も、その方針に変わりなしです。なにせ、高山彦九郎的な服喪の暮らしをする余裕などないですから。

自己アピールの場ではないんだ

感動的な焼香の光景がありました。

高齢の故人のお葬式でのこと。

「これより、ご会葬いただきました皆様方のご焼香に移ります。最初に『**指名焼香**』とさせていただきます」

このアナウンスに「また、お義理会葬の政治家が一番手かよ」とイライラしていた僕が間違っていました。司会者はこう続けたのです。

「日頃からおつき合いいただきました地元老人クラブの皆様、焼香台へとお進みください」

会場の前の方だけではなく、あちこちの席に座っていたお年寄りが立ち上がり、祭壇に向かっていきます。

どんなに「偉い社長や先生方」がみえていても、**焼香の一番手**は、地元の老人クラブとか近所で故人と仲のよかったお年寄りというスタイルの地域でのことでした。

足元のおぼつかない人もいますから、焼香台にたどりつくのにも時間がかかります。故人との別れを一番悲しんでいる人たちですから、焼香を終えても遺影をじっと見つめたり、目を閉じて両手を合わせて祈るように礼拝したりしています。

そんな様子を故人の家族も満足そうに眺めています。

ちょっと考えれば、至極当然のことですよね。

指名焼香といえば、常連なのが政治家の皆さん。国会・県・市町村議会議員、そして県知事や市町村長。こういった皆さんたちは、どうして選挙区のお葬式参列に一生懸命なのでしょうか。縁のある人のお葬式ならば、参列も当然でしょう。でも、まったく面識のない人のお葬式にまで参列することには、首をかしげざるをえません。

一部の有名な国会議員はさておき、一般に市町村長や市町村議会議員などは、顔はおろか、名前さえ知られていません。議員の仕事場たる議会活動も、傍聴にくる人などほとんどありません。だから地元で行なわれるお葬式は、数少ない「名前と顔を売る」機会なのかもしれませんね。

「あの議員さんは、おやじの葬式にわざわざきてくれた」

そんな印象は強く残るでしょう。

「次の選挙を考えれば、すべてのお葬式に顔を出しておきたいんだ」

議員さんたちの多くはこう言います。

会葬のメリットは、なんといっても、会葬者による一般焼香に先立つ「指名焼香」です。

「最初に『指名焼香』とさせていただきます」

司会者の厳かな声が響きます。

故人と関係のあった会社とか団体の役員などが焼香します。これはこれでよいでしょう。

首をひねるのは、故人や家族とは直接面識のない「○○町長、△△様」とか「◇◇議会議員、□□様」といった人たちがさっさと焼香に誘導されることです。早くから会場に来て、会葬者席の前のほうに座っていたのならともかく、開式後にやってきた場合も同様です。

「公務で忙しいから」

冗談を言ってはいけません。会葬している人の中には、忙しい人が大勢いるのです。

こういきまく人もいます。

「おれは議員だ（あるいは、団体の役員だ）。指名焼香にしてもらわないと、会場のみんなに面目が立たない」

もう、きてくれなくていいですよ、こういう御仁は。

喪主側が、開式直前にこう言い出したりします。

「市会議員さんが、ふたりきているから、指名焼香にしてね」

「はい、分かりました」

「式の途中に他の県会議員とか市会議員がきたら、その人も指名焼香にしてください」

「どなたがおみえになるのですか。お名前を教えてくださいますか?」

「名前なんかよく知らないけどさ。議員先生がきたのに、一般焼香じゃ怒るだろう」

「ただ、私どもも議員様全員のお顔を覚えているものでもありませんし……」

「俺だって知らないよ。まあ頼むよ、雰囲気でな」

まだまだ、僕たちの社会では、政治家を「住民への奉仕者」ではなく、権威の象徴のように見る価値観があります。だから「面識はないけれど、選挙区の偉い先生」が弔問にきてくれると、故人なり、その家なりに箔がつくと錯覚するのですね。会葬者である僕たちは、野次馬的な興味で見てしまうことも。

「おお、衆院議員の△△さんだ。県議も3人きているぞ。てことは、この市選出の人で、きていないのは○○さんだけだな」

そんな感じで意地悪く楽しんでしまうことも少なくありません。

政治家本人が参列できなくても、存在アピールについての絶好の場を逃すようなことはしません。国会議員の場合はたくさんいる秘書の誰かが、県や市町村議会議員の場合は秘書などいない人がほとんどですから、その家族などがきていることが目立ちます。

わざわざ弔問にきてくれたことには、敬意を表すべきです。動機がいかなるものであっても。

ただ、会葬者全員の前で名前を呼び上げる必要など、どこにあるのでしょうか。ひとりの会葬者として、ひたすら故人と家族のために香を手向けるべきなのです。

お葬式は、会葬者の自己アピールの場ではないのですから。

すべての人によい形とは

葬送文化は、言うまでもなく、長い年月をかけて形づくられてきたものです。「死」「遺体」「埋葬」「霊」「成仏」「来世」などといった、人生の終焉に臨む場でのことだけに、他のさまざまな生活シーンにおける風習とは違った厳粛さが求められてきたわけです。

ですから、お葬式における決まりごとの多さを考えると、気が遠くなってしまいます。「旅立ちの伝統的な装束」「安置する際の北枕」「朝まで線香の火を絶やさない」「出棺の際に玄関を避ける」「親族の服装や弔問者の服装」「お葬式における席順」等々。細かなしきたりを説明するだけで、何冊もの本ができてしまいます。僕たちにしてみれば、そんな細かなしきたり・風習についてすべて覚えていられるものではありません。「それが、昔から決まっているしきたりだから」と詳しい人から言われれば、盲目的にそれに従わざるをえないところです。

でも、考えてみましょう。**お葬式やそのしきたりのために、僕たち人間があるわけではありません。人間のためにお葬式やしきたりがあるのです**。そこをしっかりふまえないと、不都合が生じます。

僕たちの暮らしに身近な法律問題に似ています。「法律を守るために人間が存在する」のではなく、「人間の安定した暮らしのために、守るべき法律が存在する」はずですよね。

ところがこれも、時として勘違いしてしまいがちです。

お葬式もそうです。「故人や家族をはじめみんなにとってよかれという意義」からのしきたりなのに、「なにをおいても守るのが人の道だ」みたいな感覚に陥って、不便なことを押しつけてしまうことがあります。

経かたびら・手甲・数珠・脚絆・わらじに、三途の川の渡し賃の六文銭。旅立ちの衣装がこれでなければならない合理的な理由は見当たらない、などというのはドライに過ぎますか？　それに代わって、故人のお気に入りだった服装であっても、なんの不都合もないではないですか。

北枕ですか？　お釈迦様が入滅した際に頭が北を向いた形で横たわったからというお話に由来していますが、当節の住宅・各部屋のつくり・家具の配置などの事情から、北枕にも西枕にもできにくい場合があります。「なにがなんでも」と故人を安置する形にこだわるのはいかがなものでしょうか。

通夜の際の「**ひと晩中、線香の火を絶やさない**」も同じです。律儀にその風習を守ろうとする年配の方がいます。それで徹夜してその人が体調を崩したら、故人だって「死んでも死にきれない」ってものでしょう。ろうそくの火による火事の恐れもあります。就寝時刻になったら、翌日の多忙さを考えて早めに床につく。ろうそくの火を消す。当たり前のことです。

弔問の服装もしかり。

ある男性のお葬式で、会葬者による焼香の最後になって、作業着姿の男性が数人姿を見せました。

「ご自宅の隣の運送会社の者です。仲良くおつき合いいただいた故人のために、全員仕事先から駆けつけました。こんな格好ですので、入るのもどうしたものかと……」

喪服ではないから焼香しないことと、仕事先から駆けつけてくれた知人が多少汚れた作業着姿で焼香するのと、故人や家族がどちらを喜ぶか。答えは簡単です。

お葬式だから、服装はこうあらねばならない。どうやら、これも普遍的なものではなさそうですね。

家族との別れを受け入れるために

最愛の家族を失った時、誰もが嘆き悲しみます。その「悲嘆」が何年も続く人もたくさんいます。

いくら、お葬式が素晴らしい内容であったとしても、逝去からお葬式までの短い期間では、その心の傷は癒しきれるものではありません。

人の死という不条理性への憤り、周囲への敵意、そして自分自身を責めます。「私がいたらなかった。もっと優しくしてあげていれば……」。そしてうつ状態になることも。なにもかもやる気がなくなるようなケースです。こうした精神的な格闘の末に、人はその死を現実のものとして受け入れます。

そうした**心の傷の回復過程の中で、最も必要なのは話し相手**でしょう。話し合いでなくても、**ただひたすらその人の言葉に耳を傾けてくれる聞き役**でもよいでしょう。

肉親や友人などの中に、そういった役割を担いうる人がいれば幸いなことです。そういった人がいない場合はどうなるのでしょうか。

本来、そういった役割を担うのが宗教者であると思います。しかし、現実に宗教者たちの活動を見れば、そういったことに寄与している面は残念ながら少ないようです。

もちろん、全員がそうだと言うわけではありません。積極的に地域とかかわり、語り合う熱心な宗教者は大勢います。でも、全体から見ればどうでしょうか。

仏教国・日本ながらも、僕たちの多くは信仰にすがるという価値観を持ち合わせてはいません。こちらが期待しないこともあって、宗教者の側もそんな役割を担おうとはしていないのではないでしょうか。

そうなると、心の傷を癒す役割を担う人はいないのでしょうか。

そう考えた時、**僕が期待するのは葬儀社スタッフ**です。家族が精神的に最も混乱している時に、親身になって世話をする。その過程で「仕事を依頼した専門業者」という関係以上の信頼感が生まれます。

ですから、お葬式の満足度が高かった家族ほど、その後も葬儀社によく顔を出します。

「近くにきたんだけど、ちょっとお茶飲む時間ありますか？」

そんなふうにやってきて、2時間、3時間と故人の思い出話を続ける家族がたくさんいます。そんな語り合いを繰り返していく中で、その人が「悲嘆」から抜け出していくのが分かります。

これが、前に述べた「**グリーフケア**」ですね。

故人への思いを形にしようという人もいます。

家族・親族や友人知人がつづった思いを追悼文集にしたり、故人の思い出ビデオ作品をつくったり。俳句や短歌が好きな故人のために、自宅の庭に作品を刻んだ句碑や歌碑を建てた人もいます。それぞれ、この先100年でも、200年でも残るモニュメントです。

そんな「癒しの術《すべ》」を考え、提案することは大切です。

心の傷を負った人を癒す。そんな役割を担う者が、お葬式の後にも絶対に必要です。

僕は、家族からの依頼で故人の追悼本を制作することがかなりあります。

亡き夫のお葬式を済ませた後、僕が追悼文集をつくってあげた女性の話をしましょう。

この人は、親戚や友人知人から寄せられた原稿用紙や便箋の思い出文を、すべて自らの手で清書しました。言うまでもなく、本の制作上はあえて必要のない作業です、清書など。

「でもね。皆さんが書いた夫の思い出を一字一句清書していくと、私でも知らなかったことを含めて、夫との人生のひとこまひとこまが目の前に浮かんでくるんです。それが心の支えになったんですよ」

女性は、出来上がったその文集を朝に晩に開いていました、仏壇の遺影の前で。

「夫と朝晩おしゃべりしているみたいでね、うれしくって」

最愛の夫を失ったこの女性の心の傷が日に日に癒されていくことが、その笑顔を見続けていた僕にはよく分かりました。

ここまでのプロセスが、広い意味での「お葬式」なのではないかと実感しています。

お葬式計画は「生きるための計画づくり」4

大切な人生の最終章なのだから

「自分のお葬式について考えろって言うのかい？　そんな、縁起でもない」

まだまだ多くの人が、そんな反応を示します。

もちろん、「お葬式」とか「死」について真剣に考えることは不謹慎だという、これまでの世間一般の価値観はあります。高齢の人にとっては、それなりに切実な問題であり、積極的には触れたくない。青年層以下にとっては、遠い将来のことで、ピンとこないから関心がわかないという側面はあるでしょう。

とはいえ、将来必ず直面することです。それについて考えることが大切であることは、改めて強調する必要もありません。

例えば家を建てる時など、考えませんか？　現在から5年ごとの将来に、自分の状況がどうなっているかということについてです。それに合わせて何千万円単位のローン返済計画を立てなければなりませんから。

「50歳で、なんとか部長くらいにはなっているか。その5年後には役職定年で、事実上平社員だ。60歳の定年まで会社にいられるか、それとも新天地を求めるか。収入も変わってくるなあ」

「65歳か。会社員人生をリタイアして、第二の職場にパートかなんかで行っていても、そろそろ退職だ。することがなくなったら困るから、なにか趣味でも社会活動でも、自分が熱中できるものをつくっておかないとまずいかも。まてよ、このあたりまでに住宅ローンは終わっているんだろうなあ」

「75歳。うーん、何歳まで元気で生きることができるのかな」

人の寿命には限りがあります。「生老病死」は、自分の思いのままにはならないものであるし、死というものは誰にも平等にやってくるものです。だからこそ、限りある人生を、いかに生きていくか。その意味で、死を考えることは、生を考えることにほかなりません。その「死」の象徴が「お葬式」であるわけです。自分として「いかなるお葬式をしたいか」ということは、その日を迎えるまで「いかなる生き方をしたいか」を考えることなのです。

このところ、そんなふうに考え、自分自身のお葬式のありようについて葬儀社などに相談に行く人が増えています。いわゆる「生前相談」とか「生前契約」と呼ばれているものです。

前にも述べましたが、それを「終活」などという軽い響きの言葉で表現したくないのです。人生にとって、極めて真剣に取り組まなくてはならないことだけに。

かといって、堅苦しく考え過ぎてもいけません。

生前契約などというと、大仰なことを連想するかもしれませんが、そうではないのです。「散骨」「樹木葬」「合同墓」「無宗教葬」といった目新しい弔い方だけをしようというものでもありません。あくまで粛々と営むべきものです。

かけがえのない人生の最終章。その締めくくりをきちんと済ませたい。誰にとっても切実です。しかも、お葬式をしてくれるのは残された家族です。その家族が混乱したり戸惑ったりしないために、自分のことは元気なうちに自分で考えておこうという考えが広がりつつあるのです。

自分の歩みの内容やお葬式への希望などを書くための**エンディングノート**といった物が市販されるのも時代の要請です。

自分のお葬式で読んでもらうため、そのノートに会葬者へのお別れの挨拶を書き残す人もいます。

録音しておいたり、音声だけでなく、挨拶を語る姿をビデオカメラで録画したりしている人もいます。スマホ時代ですから、動画撮影もいたって簡単です。

「心温まるご弔問に対しまして、故人よりご挨拶を申し上げます」

お葬式の中で、司会者がこう言いました。

「あの司会者、間違えているよ。『故人』じゃなくて『喪主』か『親族代表』の挨拶だろうに」

誰もがそう思ったその時です。聞き覚えのある故人の声が流れてきたのでした。

生前の思い出や、家族・友人知人への感謝、そしてお別れの言葉。誰もがひと言さえも聞き漏らすまいと、真剣に耳を傾けたことは言うまでもありません。

闘病中だった80代の男性が、死期を悟り、自分のお葬式について決めていたのです。祭壇に飾る花から、式典そのものの内容まで。写真館に行って、遺影用の写真まで撮影しました。そして、最後にしたことが、挨拶の録音だったのです。

「最後の別れに集まってくれた友人知人に挨拶したいことを吹き込んでおいたから、これを流してくれ」

家族にそう言って手渡していました。これには、導師を務めたお坊さんも驚いたそうです。


かつては、近親者だけの密葬を希望する人が、

「大げさなお葬式などしなくともいい」

と家族に伝えていても、また人によってはそんなことを文章に残していても、多くの場合親族の中から、

「それでは世間が通らない」

などといった異論が出て、結局故人の意思が通らないことが多かったのです。逆に故人の意思を尊重したがために、その家族が親戚中から批判を浴びたといったケースもありました。

今は**故人が生前に明確な意思を示しておけば、親戚も世間も納得する時代**になりました。

だからこそ、自分の考えをまとめておくことが欠かせないのです。そうでないと、家族は故人の思いに揺れ、親戚や地域社会に揺れ、世間常識という見えない鎖に縛られ、どう

してよいやら分からないままお葬式を済ませることになってしまいかねません。そうなった場合、最も不完全燃焼感が残るのは、ほかならぬ家族です。その思いが、最愛の肉親を失ったことによる心の傷の癒しを妨げます。

そんなことのないよう、自分自身の人生のためであることはもちろん、残された家族のためにも、自分のお葬式は自分で決めることが要求される時代になったことは間違いありません。

多くの人が「おひとり様」になるのだから

自分のお葬式のことなど、あらかじめ考えておく必要はない。それは子どもたちが心配することだから。

こんな考え方は昔の話。

だって男性も女性も「生涯未婚率」は上昇の一途です。最近の数字でも、男性が23％、女性が14％。これが２０４０年になると、男性29％、女性18％などという予測があります。

男の3人にひとりが「おひとり様」ですかあ。これは、おひとり様が当たり前の世の中ってことじゃないですか。こういう人たちにとって、親のお葬式にはかかわりますが、自分自身のことになると親戚筋が心配をしてくれるかといったら、答えは「ノー」でしょう。親戚づき合いもなくなりつつある現代では、そんなことなど望めはしませんよね。

自分で考えておかなければならないのです。

夫婦ふたり暮らしで、子どもなしという世帯も、今や一般的です。僕たち夫婦もそうです。

これも、どちらかが他界したら、残された側はおひとり様です。やはり、**自分で自分のお葬式について決めておく必要**に迫られます。子や孫がいたって、近くに暮らしているとは限りません。頼りになる人などなかなかいないでしょうってことです。

同時に、こういう物騒な世の中です。いわゆる「終活ビジネス」の勧誘がひっきりなしです。

僕はこう述べてきました。

「お葬式施行は高額商品の購入です」

だからこそ、消費者としての正しい視点と行動が不可欠だと。

これはお葬式以外の終活ビジネスへの対応にも必要な視点です。資産管理や運用、自宅の処理、お墓のこと、お葬式費用の生命保険……、いろんな提案がメディアの広告で、ネットで、電話で、訪問営業で押し寄せてきます。

要はこういうことです。

「なにかをしようと思ったら、必ずお金がかかります。うまい話なんて信用しないことです」

だから慎重な姿勢で、事態を正確に理解して、行動しなくてはならないということです。

繰り返しますが「縁起でもない」などと避けていて済む問題ではないということですね。

高価な自動車や洋服に興味がなければ、買わなければよいだけのことです。豪華な旅行や外食に興味がなければ、それを避けていても、生きてゆくうえで支障はありませんね。

でも、**お葬式と、それに関連する「人生のしまい方」**は、**避けているわけにはいかない**という、ごく当たり前の話です。

なのに、現実には「先送り」。その挙句に、いざそういう局面になって混乱したり、損をしたり。

こんな事態、避けたいですよね、誰だって。

まずは僕の親の「その日」ですが

最後に、認知症が進行して特別養護老人ホームで暮らしている僕の両親の、さらには、僕自身の「その日」への計画について、ふれておきましょう。

ほぼ同時期に認知症を発病した後も、息子である僕が朝晩介護に通うことで自宅での暮らしと畑作業を数年間続けたふたり。ただ、症状が進むにつれ、お互いに悪口を言い合うようになり、ケンカばかりの日々になっていきました。殴り合いさえ日常茶飯事でした。徘徊も始まりました。その末の老人ホーム入居でした。

どうなるかと思いましたが、ホームの環境が合っていたとみえて、今はおだやかな暮らしぶりです。顔つきにもトゲがなくなったふたり。

「ふたりとも、安心して長生きしなよ！」

次に述べる計画を立てることで、僕はそう声をかけているつもりなのです。

遺影の項で、両親の遺影に使う写真を用意していると述べました。

父親は畑で青菜を摘んでいる時の笑顔の写真。母親は自宅玄関前でくつろいでいる写真です。どちらも僕がスマホで撮ったものです。

カメラマンに多少の修正をほどこしてもらって、データをＣＤに保管して、プリントもしてあります。

さらに、ふたりの子ども時代から結婚、幼かった僕と一緒の家族写真、老境に入った姿など「在りし日の姿」もそれぞれ10枚程度整えてあります。式場に飾るためですね。

さて**「その日」がきたら**、どうしましょうか。

施行は、僕が住む町にある知り合いの葬儀社に「その際には」と頼んであります。

それがおおよそ5年以内か、それより先かで、内容は2種類必要でしょう。

5年後には父親が93歳、母親が92歳です。その頃までは、地域の皆さんはもちろん、遠くからも親戚、農業仲間やＪＡ（農協）関係者も顔を出してくれるかもしれません。僕の友人や仕事関係者、大学関係者などの「お義理の会葬」もあるでしょう。

通夜は、農村の真ん中にある僕の実家、つまりふたりが長く暮らした自宅で営みます。家族と、お知らせした近所の皆さんで。こんな形が本来の通夜でしょう。

葬儀・告別式は公営斎場でしょう。

シンプルな祭壇に遺影。棺も高額な物など必要ないと思います。棺の中の親には、普通のズボンやシャツ、ブラウスといった「いつもの服装」で横になってもらいましょう。伝統的な「旅立ちの装束」は不要ですって、当節のお葬式に。

祭壇には素朴な生花と、季節の野菜をふんだんに。

「祭壇には果物では？」

いいえ、土と語りながら生きてきたふたりです。自分たちがかつてつくったダイコン、ジャガイモ、シイタケ、ナス、キュウリ、ハクサイ、青菜などを並べるのが、ふたりを見送る場には最もふさわしいものです。

思い出の写真展示の横には、ふたりが若き農業青年だった昭和30年代から40年代の食卓も再現しておきましょう。僕にとっては幼い子ども時代です。

炊いた米飯にシャケ缶、納豆、野菜の煮物。そしてふたりの郷里の名物「おっきりこみ」（煮込みうどんです）。日々のおかずは、野菜と缶詰の魚くらいしかなかったのですよ。

「いつもサバ缶ばっかりだけど、たまにはシャケ缶がいいやいなあ。まいんちシャケ缶が食える身分になりてえやいなあ」

「ほんとだねえ。和牛を飼ってるのに、お肉は高くてたまにしか買えないわねえ」

父親や母親の笑い声が聞こえてくるような物を並べましょう。


旅立ちの音楽も、病気が進行した今となっては本人に希望を聞きようがないので、僕の一存で決めています。

父親は何年か前の春に、青空と遠くの山々を眺めて突然唄い出した「北国の春」。「し〜らかば〜」、千昌夫のおなじみの歌謡曲ですね。

1977年の曲ですから父親は働き盛りの44歳。青年期から晩年までの愛唱歌だったのでしょう、歌詞をすべて覚えていたほどです。

母親が歌を唄う姿はさほど見たことがありません。ただ、僕が小学生の頃に近所の農家仲間とバス旅行などに行った際に、車中でマイクが回ってくると「ミネソタの卵売り」という歌を唄っていました。その姿はよく覚えています。必ずと言ってよいほど唄っていた

から、お気に入りの曲だったのでしょう
　1951年に大ヒットした暁テル子という歌手の代表曲です。母親が10代の頃ですね。80代以上の人にはおなじみの曲かもしれません。

「北国の春」はあまりにも「千昌夫色」が強過ぎるし、「ミネソタの卵売り」は終戦直後の歌謡曲らしくアメリカのジャズ調のメロディーと陽気な歌詞なので、お別れの場にはどうでしょうか。

　前に述べましたが、三波春夫の「チャンチキおけさ」を葬送曲風にピアノでアレンジしてもらったのと同じように、2曲を知り合いのピアニストにスローテンポで演奏してもらって録音。「その日」に流せるようにしてあります。

　喪主を務めるであろう、ひとり息子である僕の3〜5分の挨拶の原稿を準備。そしてお友達やお知り合いのどなたかおひとり、お別れの言葉をお願いする人の候補も選んでありま す。堅苦しい弔辞などいりません。簡素なものでよいのです。別れの言葉を投げかけてもらえれば。

　訃報を知らせる方のリストは、親の年賀状などを参考に整理しています。親戚や友人など、さほど多くはありませんが。

会葬礼状は僕の文章と本人のカラー写真を盛り込んだちょっと「格調高い」スタイルの「変形ふたつ折り」に。その版下は僕のパソコンで組んでありますから、知り合いのオンデマンド印刷業者に手配すればＯＫです。

そうそう、何年か前に「認知症夫婦が自宅で暮らし続けて、畑仕事に励む」様子が、テレビ朝日のニュース番組で10分ほど放送されたことがありました。この録画を開式15分前に流すことにしましょう。笑顔いっぱいのふたりの姿を、あらためて皆さんの記憶にとどめてもらうために。

めでたいことに、「その日」がもっと先のことになった場合は、会葬者が極端に少なくなるでしょうから、斎場の必要はないでしょう。

自宅の仏間から旅立ってもらうことにしましょう。ここで「一日葬」です。シンプルなミニ祭壇で、遺影をはじめ思い出の写真や食卓風景は斎場でのお葬式と同じです。

この頃には、ふたりのきょうだいやごく親しい親戚、近所の皆さんがきてくれる程度でしょう。朝から晩まで、都合の良い時間に弔問にきてもらいます。お茶でも飲みながら、お茶菓子をつまみながら、思い出話に花を咲かせてもらいましょう。

お坊さんと家族や親しい友人による葬儀・告別式は午後2時から1時間ほど。

そうやって、ご縁のある皆さんに時間差で見送られながら旅立ってもらうことにしています。火葬は、市営の火葬場で翌日のことです。

ふたりについて、最低限これだけそろっていれば、納得のいく見送りができるのではないかと思っているのですよ。

それに、こんな計画を立てては改訂を繰り返していると、僕が物心ついてからの60年近い年月の中で見てきたふたりのさまざまな姿が浮かんでくるのです。年老いた今と違って若々しい姿が。

だから、息子にとってこれはけっこう楽しい作業なのですよ。

さて、僕自身のことですが

さて、僕自身の「その日」についてです。

僕たち夫婦には子どもがいないから、年下の妻あてに、僕自身のプランを整えて託しておきましょう。順当にいけば、僕が先でしょうから。

遺影は問題ありません。職業柄、自分自身のポートレートは3～4年ごとに親しいカメラマンに撮ってもらっています。自分の本の著者略歴、あるいは依頼された講演会等の講師略歴に使うためですね。これからもしばらくはこのペースで「更新」し続けるでしょうから、いつ「その日」がきても準備万端です。僕自身、人前で積極的に顔をさらすのは好きではありません。とはいえ、お葬式に遺影がないわけにもいかんでしょうから。

通夜は自宅です。妻と、本当に親しい友人の何人かがきてくれて、取り寄せた料理を肴に一杯やりながら僕の悪口でも言い合ってください。それで十分です。

葬儀・告別式は、親しくしている葬儀社の家族葬向けホールを借りましょう。できる限り簡素な祭壇と飾りつけにしてもらう方向で。まあ、生花のいくつかは届くでしょうから、生花スタンドを並べるのではなくその花を祭壇にセットしてもらえるようにお願いすることにしましょう。これ、祭壇に飾る生花費用の節約になりますよ。

ジャーナリストという仕事柄、いくつかの「著作」があります。どれも命懸けで書いたものですし、僕の生きた証ですから、それらをまとめて並べてもらいましょう。あとは、ラグビー少年だったことを示す古いラグビーボールが1個。僕の息抜きというかストレス解消法は料理だから、片隅にはフライパンや包丁を置いといてね。このホールは式を営むスペースの横に、「自宅感覚」のリビングやキッチンなどを備えているので、愛用の台所用品はそこに並べればちょうどよいわけですよ。

これだけで十分です。

思い出の写真？　それはいいですよ。たくさんあるけどそれを並べるのは照れ臭い。僕と妻だけの記憶にとどめましょう。

棺は一番簡素な物で十二分です、僕には。燃やしてしまうものにお金をかけたって仕方がないでしょう。骨壺も同様です。

そうそう、「旅立ちの伝統的な装束」って、やめてくださいよね。

62歳だった2020年に「健康な体に鍛え直そう」と一念発起して体重を20キロも減量しました。そのおかげで、生まれて初めて買えたコムサのスリムなジャケットとパンツ（ズボンなどと言っちゃいけません）。これに「コムサで買い物ができたら、あなたも一人前ね」と笑った妻が買ってくれたオレンジ色のサマーニットか、冬場なら赤のタートルネックのシャツ。だから最後まで、この体型を保ちたいなあ。

スタイルは「一日葬」です。

旅立ちの音楽は悩むなあ。いろんな映画やドラマでも使われているモーツァルトのレクイエムはお気に入りで、カーオーディオでもよく聴きますが「荘厳過ぎて」、ちょっとねえ。

やっぱり若い頃に好きで、今でも車の中でよく聴くエルビス・プレスリー（古いなあ。彼が急死したのは僕が大学生だった1977年だ）の70年代の代表曲「アメリカの祈り（原題 An American Trilogy）を中心に流してもらいましょうか。

この曲は、19世紀のアメリカ南北戦争当時の南軍の進軍歌「ディキシー」、北軍の行進曲「リパブリック賛歌」、黒人霊歌「私の試練」の3曲が、1971年にメドレーで1曲に再編成されたものです。

リパブリック賛歌の「グローリー　グローリー　ハレルヤ（栄光あれ、主に栄光あれ）」の部分のメロディーは、日本では昔から子ども向けの「おたまじゃくしはかえるの子　なまずの孫ではないわいな」とか、テレビCMの「まあるい緑の山の手線　真ん中通るは中央線」の替え歌でおなじみですね。

ゴスペルシンガー、バラードシンガーとしてのエルビスの歌唱力を満喫できる曲です。中でもこんな内容が、「あまりにも葬送曲的」じゃないですか。

「おとうさんが死んでいくのが、分かるだろう。でも、すべての試練は、間もなく終わる。その信念を貫き、進み行くだけさ」

「グローリー　ハレルヤ」という言葉が、僕には縁遠いキリスト教色にあふれていますが、そこはそこ。皆さんにはこらえてもらいましょう。


いつのことになるかは当然分かりません。ともかくは今のところ、訃報を届けたい100人ほどの友人知人・仕事仲間のリストをそろえてあります。

年賀状をやりとりしている数百人ほどの人向けの「お別れの挨拶状」もひと月後くらいに出してもらうよう、その文章と送付先リストはプリントしてあります。

向こう5年～10年くらいは僕も仕事をしているでしょうから、その仲間はきてくれることでしょう。

その後、仕事からリタイアしたら、その段階での友人知人にきてもらうだけで十分です。

あんまり親戚づき合いもないことですし。

その意味で、向こう10年以内なら、葬儀・告別式をやりましょう。午後1時くらいから。実家が檀家になっているお寺があります。僕もその墓に入ることになるので、ご住職にきてもらわなければならないでしょうし。

希望としては、戒名をつけずに「木部克彦」の名前で見送ってほしいなあ。

だって僕は仏教に対して信心深いわけでもないし、だいたい仏とか神といったものが存在するかどうかの確信がないのです。単純な理由です。「これまでの人生でお目にかかったことがない」からです。「不幸を絵にかいたような人がたくさんいるけど、これって神や仏がいたら、そんな仕打ちをするのかなあ。そこまで試練を与えるのかなあ」といった気持ちもあります。「存在を信じたいけれど、信じる根拠がない」ということでしょうか。

それに、戒名の項で述べましたが、戒名には3ランクほどの格差があるのも気になります。

そういう人間が戒名をもらうことは、信仰への冒瀆になりはしませんか。でも、戒名をつけないとお墓に入れてもらえないのでしょうか？　ちゃんとお布施はおさめますからね。これはお寺との交渉課題ですねえ。

僕がこだわる弔辞ですが、これを読んでくれる人の候補として親しい友人を何人かリストアップしてあります。その中から、「その日」の状況に応じて頼んでもらうことになります。

こんな形で会葬者が100人として、**おおよその費用**を計算してみましょう。

一日葬のセット価格（棺・骨壺・霊柩車・ホール使用料など一式）が60万円。通夜や一日葬での飲食費用が10万円（通夜で5人×ひとり6000円。一日葬で10人×ひとり7000円）。会葬者への返礼品費用が50万円（5000円×100人）。合計120万円でおさまるとしましょう。

香典収入は100人で100万円。20万円程度の赤字は仕方なし。これとお布施の分くらいは僕でも残しておけるでしょう、いくら年をとっていたとしても。

予算計画は、だいたいこんな感じです。

それ以降、つまり僕も70代後半の「リタイア族」になったら、つき合う人の数は激減しているでしょうから、ご住職と家族による葬儀は営むにしても、引き続いての告別式は必要なし。その頃は数少なくなっているであろう友人たちが時間差でやってきては、妻をまじえて思い出話を語る形になればいいですね。それが「最高の弔辞」です。

お茶とお茶菓子だけじゃなくて、ビール・日本酒・ワインなどとおつまみを用意してもらって、一杯やって帰ってもらいたいなあ。僕も妻もお酒を飲むのが好きだし、友人も酔っ払いばっかりですからね。

これで会葬者が50人に減ったら、返礼品費用が半減するので95万円の支出です。香典収入も半減して50万円になるから、赤字幅が増えて45万円に。これにお布施だ。う〜ん、がんばりましょう。

予算計画はあくまで数字を単純化した概算です。ただ、計画段階でも「収支トントン」にしておく工夫が必要かもしれません。


もちろん、「僕からの別れの挨拶」は録音しておきます。「録画」まではしません。しわだらけのおじいさんになった自分をさらすのは恥ずかしいから。挨拶の原稿は、僕の手元にできています。

失敗・挫折の繰り返しの人生だったこと。その都度、ちょっと復活した軌跡。そしてその後も挫折。そんな自分自身の人生を振り返りつつ、60代になっても「今日がピーク」

「今が絶好調」と、多少の見栄とはったりを交えて言える人生だったこと。それは妻をはじめ、仕事仲間、友人知人たちのおかげだったこと。そして、僕の人生でただひとりの親友だったのに47歳で他界した男の思い出……。これらを7~8分で語ることにします。

僕の「人生浮き沈み」を年表のように箇条書きした資料があります。教えている短大の「自己表現」を考える授業で使うためにつくったものです。

この年表とお別れの挨拶の要旨、それに僕のポートレートと夫婦の写真を1枚だけ組み込んだ会葬礼状の版下は、親の物と同じように自分のパソコンに保存しています。気が変わったら、改訂します。

年表については、友人知人たちが面白がってくれるかもしれません。こんな内容です。

◇「失敗」「挫折」「試練」……「ちょい浮上」の連続でなんとか生きてきた僕

井戸の中の蛙だった「神童小学生」の慢心　(@_@)

高校時代にラグビーに出会い、熱中。勉強の放棄　!(^^)!

高3の試合中に大けがをして、ラグビープレーヤーとして挫折　(T_T)

無気力な大学生活の前半　“(-“”-)”

大学3年、突然、新聞記者を志す　(@_@)
毎日新聞社入社　新聞記者生活のやりがい　!(^^)!
新聞社暮らし12年、苦闘の末の失望と退職　(T_T)
生き方探しの1年間の放浪　(@_@)
メディア批評本『犯人視という凶器』（1993年刊行）が
話題になり、「この道で食っていけるかも？」　!(^^)!
新聞記者と結婚　「困った。マスメディア批判ができない！」　(T_T)
社会福祉とか食文化に取材分野を切り替える　(@_@)
聴覚障害問題の『無音の音が聞こえる』（1995年刊行）が
全日本ろうあ連盟から「理解へのバイブル」と激賞される　!(^^)!
ジャーナリスト、出版業で10年　生きがいのゲット　!(^^)!
「葬儀の革命」に関心を持ち、40代で葬儀業界に片足突っ込む　(+o+)
50歳手前「先が見えてきた。人生はこれでいいのか」の疑問
に襲われ、「プチうつ」みたいな気分に　(T_T)
笑う地域活性化本『群馬の逆襲』（2010年刊行）で、

なんとなく「地元のプチ名士」に？ !(^^)!
畑違いの「教員」の道に。明和短大（現共愛短大）で教壇に (@_@)
学生相手の授業に大いなるやりがいを感じる !(^^)!
58歳の時、80代の両親が同時期に認知症発症。老親介護の
日々を強いられる。「僕に仕事をする時間をくれ〜」 (T_T)
介護生活４年。１日６時間の介護のつらさから逃れるため
「長期密着取材の相手が向こうから飛び込んできた。絶好の
チャンスだ！」と発想転換。認知症老人介護ものの本たる
『認知症、今日も元気だい』（２０１８年刊行）と『夢に住む人
認知症夫婦のふたりごと』（２０２０年刊行）に結実 !(^^)!
介護ストレスで「無駄食い」。１７３cmなのに83キロまで太る (T_T)
これはいかん、と62歳で「一日一食ダイエット」。半年で
20キロの減量に成功（２０２０年） !(^^)!
人間ドック数値の「オール劣等生」から、１年後には
「オール優等生」に !(^^)!

この後、どんなアップダウンが待ち受けているか分かりませんが、その都度改訂していきましょう。

他人と比べる必要もなし。僕だけのちっぽけな「試練」の連続を自分なりに乗り越えてきた末の卒業式なのです。だから「アメリカの祈り」の言葉「すべての試練は、間もなく終わる」なのですよ。

お寺には、僕と妻がいなくなった後の永代供養をお願いしておいて、将来は墓もなくなる。そんな手続きも欠かせません。

もちろん、人の寿命は分かりません。妻が先立つこともあるでしょう。ただ、妻の「その日」の内容までは、今のところ夫の僕が出しゃばるものでもないでしょう。

ああ、そうか、思い出しました。

「私の人生が終わるまで、あなたは元気でいるって、結婚の時に約束したわよね」

これは妻の口癖です。待てよ。ということは彼女の「その日」が80代後半だったとしても、僕は90代後半ですか。彼女が90歳なら、僕は100歳じゃないですか。これは大変なことですね。仕方ないかあ、人生１００年時代ですし。

いずれにしても僕ひとりが残ったら、そして、それが30年以上も先のことだったら。

その時は、僕自身のお葬式は不要かもしれません。だって、僕の死を悲しむ人や悼む人がいなければお葬式の必要はありませんから。遺体処理だけでＯＫです。

前に述べた「お葬式の意義」の「1、物理的意義（火葬、埋葬）」ですね。「2、社会的意義（故人の死の告知）」や「3、精神的意義（心の傷のケア）」は不要だということです。友人の多くもいなくなっているでしょうし、「直葬にしてくれ」と言い残しておくことで十分でしょう。言い残す相手は、まだ健在な若い友人がいるかもしれません。その頃には老人ホーム暮らしかもしれませんから、施設のスタッフにお願いしておくことかもしれません。

あるいは、つき合いのある葬儀社かもしれません。

いずれにしても、「大がかりなお葬式など無用のこと」ときちんと伝えておかなくてはなりません。

こんな内容を、書面に整えてしかるべき人に託す。最低限、そんな「卒業式の式次第」だけは整えておかなければ。

これが、誰にとっても避けられない「課題」にほかなりません。

でもね。自分自身のお葬式の光景を思い浮かべながら、あれこれ考えるって作業は、いやなものかっていうと、必ずしもそうではないのですよ。

「こうしよう」「ああしてみたい」

なんだかイベントの企画や旅行の計画を考えている時みたいに、ある意味「ウキウキ」している自分がいます。会葬者への「別れの挨拶」を書いている時など、その絶頂気分なのですよ。

当たり前です。これまでの人生を振り返り、さまざまな思い出を蘇らせながら、いつのことになるかはさておき、**自分自身の人生の卒業式のプラン**を考えるのですから。

「僕の人生も捨てたもんじゃないな。その集大成だから気合を入れていくか」

そんな気分にひたれるのです。

この計画を、3年ごとをめどに改訂するわけです。

まあ、ポートレートを撮り直すのと同じペースですね。だって、3年も過ぎれば、自分自身を取り巻く状況もずいぶん変わるでしょうから。

それに、お葬式計画の改訂は、僕が「向こう3年間、いかに生きるか」の計画の再考と実践にも直結します。

「60代後半は、まだ短大の授業を続けていたいなあ。けっこう楽しいし、自分自身の勉強にもなる。まあ、若い学生に笑われながら」

「物書き業は75歳くらいまでは続けなければ。いやいやその後だって」

「長い間、いろんな人の自分史出版のお世話をしてきたんだ。この楽しさは手放せないぞ。年をとってもパソコンひとつあればできるし」

「1日7〜9キロのジョギングは、70代になっても続けなければならないなあ。健やかな80代のためには」

「日々の食事の支度は『終身仕事』だ。料理は最高のボケ防止だってお医者さんが言うことだしね」

考えは膨らみます。「お別れの日の計画書」ではなく、明らかに「**残る人生をいかに有意義に生き抜くかの計画書**」というわけです。

だから「ウキウキする」面もあるって言うのですよ、僕は。

そう考えれば、「自分の死」のあれこれを考えることは怖いことでもなくなるのです。

エピローグ
お葬式をなくさないために

ライター業のかたわら、葬送プロデューサーの世界も歩んで20年以上。

いろんなお葬式を見つめてきました。そんな中で、多くの疑問が浮かんできました。

「伝統の世界だから」

「お葬式は、こういうものだ」

世の中にある、堅苦しい制約への数々の疑問です。

葬儀社の対応にも、疑問をいだくことばかりでした。

「マニュアルに沿った過酷なスケジュール闘争を、家族に押しつけているだけじゃないのか」

お寺はお寺で、この世に生きる人たちに心から向き合っているのか、首をひねることが多々あります。お葬式の会葬者の前で日本語を語らないまま帰って行く光景は、その象徴です。

コロナ禍によるお葬式の激変というきっかけは、必ずしも偶然ではないような気がします。

「多くの人が長い間疑問に思ってきたことばかりだ。このへんで変えたらどうですか」

そんな啓示を受けたのではないかという気分でもあります。

そこで、そうした問題点について考え、その解決策を探ってみました。

本業の一方で、ご縁があって教師を務めている共愛学園前橋国際大学短期大学部（前橋市）では、授業の冒頭と最後に「今日の一番大切なこと」を強調するのが僕のルーティンです。学生にとって「理解の一助になればいいな」という思いから。それと同様にプロローグで強調したことを、最後に繰り返しましょう。皆さんに「お葬式の極意」について、より深く考えてほしいからです。

「胸の内にかかえてきたお葬式に関する疑問を口に出して、伝統の形であっても遠慮なく変えましょう。同時に、弔いの本質を手放してはいけません」

「人によって望ましい形はさまざまです。お葬式は本来自由なものです。故人をしっかり見送ると同時に、家族が納得・満足する形が優先されなければなりません」

「お葬式を営む時刻など決めなくてもよいのです。その日は一日中、お葬式をすればよいではないですか。すべての問題が解決しますから」

「最愛の家族や親しい友人の死に際して、火葬処置だけでは一人ひとりの心の傷が癒されません。その死を納得して受け入れることなどできません」

「お葬式は人生に何回もない『高額商品を購入する』という消費行動です。だから正しい商品知識を身につけなければ、損をするし、後悔します」

「人生の卒業式だから、誰もが自分のお葬式についてじっくりと考えておかなければ、人生が完結しないじゃないですか。卒業式について、ある意味では楽しく考えましょうよ。だってそれは『生きる計画書』なのですから」

「おひとり様が激増している今だからこそ、誰もが自分の『その日』のことは自分で考えなければなりません」

「葬儀業界の一大転換期だから、葬儀社もお坊さんも、自分たち自身の存在感や価値観がひっくり返るような変わり方をしようじゃないですか」

「今、お葬式の本質を見つめ直さないと、安易な簡素化や不要論が広がって、『故人を悼む』という人間が人間であるために欠かせない文化が失われてしまう」

そんな危惧を抱いている僕としては、理屈っぽい雰囲気は避けて、多くの皆さんに分かってもらえる表現にしたつもりです。

そんな文章に対して、出版の機会を与えてくれた20年来の盟友である言視舎の杉山尚次社長に心から感謝します。

あなたの理解なしには実現できなかったのが、この企画です。

そして、この本を手にした皆さん、自分のお葬式について、真剣に考えてみてください。年老いた親がいる世代の人は、もちろん親の「その日」についても。本書を通じて、誰にとっても取り組まなくてはならない「課題」だということが、分かってもらえたのではないでしょうか。

自分自身のお葬式について考えることは、しめっぽい話ではなく、むしろウキウキ気分で「自分がいかに前向きに生きていくか」を考えることに直結する。それに間違いないと、僕自身は確信しています。

「お葬式が時代とともに変化・進化するのは必然。でも、それがなくなる日など、絶対に現実のものにさせてはいけない」
これこそが、僕の大いなる野望なのです。

著　者

著者……木部克彦（きべ・かつひこ）
1958年群馬県生まれ。新聞記者を経て文筆業・出版業。共愛学園前橋国際大学短期大学部客員教授。「地域文化論」「生活と情報社会」などを講義。群馬県文化審議会委員。食・料理・地域活性化・葬送・社会福祉などの分野で取材・執筆。企業経営者・政治家をはじめ、多くの人たちの自分史・回想録出版も数多く手がけ「自分史の達人」と評される。

【主な著書・編著書】
『群馬の逆襲』『続・群馬の逆襲』『今夜も「おっきりこみ」』『ラグビーの逆襲』『情報を捨てる勇気と表現力』『ドキュメント家庭料理が幸せを呼ぶ瞬間』『群馬弁で介護日記　認知症、今日も元気だい』『夢に住む人　認知症夫婦のふたりごと』（以上言視舎）『高知の逆襲』『本が涙でできている16の理由』（以上彩流社）『捨てられた命を救え～生還した5000匹の犬たち』（毎日新聞社）『トバシ！～小柏龍太郎は絵を描くことをトバシと言う』（あさを社）ほか

DTP組版…………勝澤節子　　イラスト…………工藤六助
装丁…………長久雅行　　編集協力…………田中はるか

誰も教えてくれなかったお葬式の極意

発行日❖2021年9月30日　初版第1刷

著者
木部克彦
発行者
杉山尚次
発行所
株式会社言視舎
東京都千代田区富士見2-2-2 〒102-0071
電話03-3234-5997　FAX 03-3234-5957
https://www.s-pn.jp/
印刷・製本
中央精版印刷㈱

ISBN978-4-86565-211-6 C0036